Vida de líder

Os desafios do dia a dia da liderança

Josué Campanhá

© 2008 Josué Campanhã

Revisão
João Guimarães

Capa
Douglas Lucas

Diagramação
Sandra Oliveira

Gerente editorial
Juan Carlos Martinez

1ª edição - Abril de 2008
Reimpressão - Março de 2010
Reimpressão - Outubro de 2012

Coordenador de produção
Mauro W. Terrengui

Impressão e acabamento
Imprensa da fé

Todos os direitos desta edição reservados para:
Editora Hagnos
Av. Jacinto Júlio, 27
04815-160 - São Paulo - SP - Tel/Fax: (11) 5668-5668
hagnos@hagnos.com.br - www.hagnos.com.br

Dados Internacionais de Catalogação na Publicação (CIP)
(Câmara Brasileira do Livro, SP, Brasil)

Campanhã, Josué
Vida de líder: os desafios do dia-a-dia da liderança / Josué Campanhã. -- São Paulo: Hagnos, 2008.

Bibliografia
ISBN 978-85-7742-028-5

1. Liderança I. Título.

08-01142   CDD-303.34

Índices para catálogo sistemático:
1. Liderança:
Aspectos sociais:
Sociologia   303.34

Sumário

Apresentação	5
Como usar este material	7
1. A vida e a liderança	9
2. A pessoa do líder	17
3. Descubra a criatividade	29
4. Planejamento – não viva sem ele	43
5. Projetos & eventos – faça bem feito	59
6. Motivação	73
7. Envolvendo sua equipe	83
8. Líder de visão	89
9. Como aplicar este material para outros líderes	97
Dinâmicas	105
Bibliografia	110

Apresentação

Vida de líder não é fácil.

Agenda sempre lotada, gente por todo lado querendo falar "um minutinho" com você, correria e muitas tarefas para realizar.

Às vezes, conforme o envolvimento na liderança, você acaba esquecendo que precisa se reabastecer. Aprender é uma palavra que nunca pode faltar no dicionário de um líder.

Se você se dispôs a parar, dar uma olhada neste material e refletir sobre sua vida de líder, isto já é um bom sinal. Este material pode ajudar a mexer um pouco com sua vida e com seus princípios de liderança.

"Vida de líder" é um material que não vai proporcionar um "doutorado" em liderança para você. O principal objetivo deste material é oferecer um pouco mais de subsídios para que a sua vida na liderança seja mais produtiva.

No entanto, não se esqueça da coisa mais importante: você é um líder escolhido para uma missão. Todo o aperfeiçoamento que você alcançar vai torná-lo mais efetivo no cumprimento da missão. Esse é o verdadeiro significado da "Vida de líder".

JOSUÉ CAMPANHÃ

Como usar este material

Este material foi produzido para ajudá-lo como líder, e também lhe dar suporte para desenvolver outros líderes. Este material faz parte da série "Liderança Prática".

"Vida de líder" tem o objetivo de ajudar o líder nas coisas práticas do seu dia-a-dia. Não é um livro-texto porque não requer apenas leitura, mas interação. Não é uma apostila porque não se trata apenas de uma "receita de bolo" para a liderança.

Este material contém capítulos direcionados para a sua vida pessoal como líder, e outros direcionados para o exercício da liderança. Não adianta você ser *expert* em alguns assuntos e não ter uma vida pessoal disciplinada. No entanto, não basta ser uma pessoa disciplinada e não desenvolver algumas habilidades necessárias para a prática da liderança. O ideal é o equilíbrio entre as duas coisas.

Neste material você encontrará textos para leitura, reflexão e decisão, como também perguntas e testes que o levarão a interagir com o texto ou com um grupo de pessoas com as quais estiver discutindo o assunto.

Porém, este material foi produzido da forma mais prática possível, de tal maneira que você possa utilizá-lo para capacitar outros. Você será um líder de verdade quanto *reproduzir*. Para reproduzir você precisa ensinar o que aprendeu a outros. Assim, você poderá utilizar este material para transmitir isto a outros, e desse modo contribuir na formação de novos líderes.

Na utilização deste material observe os seguintes princípios:

1. **Leitura e prática** – quase todo capítulo tem uma parte para leitura e reflexão e outra para usar de forma prática. Quando estiver interagindo com o material pense nas situações práticas do seu dia-a-dia, e procure elaborar planos para a sua realidade.

2. **Seminário de fim de semana ou grupo** – Você pode utilizar este material de várias formas.

   2.1. Pode ser aplicado num seminário de fim de semana, num período intensivo de 12 a 15 horas. O seminário pode começar na sexta-feira à noite indo até sábado à noite. É interessante escolher um local agradável para que as pessoas não se cansem.

   2.2. Outra forma é reunir um pequeno grupo para estudar um capítulo por semana, num encontro de pelo menos uma hora. De uma forma ou de outra, é interessante utilizar este material com um grupo de pessoas para que possa haver discussão e troca de experiências.

3. **Dinâmicas** – Em vários capítulos você encontrará dinâmicas que farão aplicações de algum princípio de liderança.

4. **Faça novos líderes** – A melhor coisa que você pode fazer com este material é ensiná-lo a outros. Não acumule conhecimento para você. Na medida em que você aplicar este material a outros, estará aprendendo mais.

Aproveite bem este material, coloque os princípios aqui mencionados em prática e capacite outros líderes. Dessa forma, você fará diferença no lugar onde está e deixará marcas na vida de muitas pessoas.

1

A vida e a liderança

Quanto tempo você passa meditando por dia? Quanto tempo investe por semana em leituras que podem transformar sua vida?

Você pode mencionar três coisas que mexeram em sua vida nos últimos 30 dias?

1. _____
2. _____
3. _____

Moacir tinha 25 anos de idade. Exercia liderança em sua organização, era solteiro e morava com amigos. Fazia planos de mudar para o exterior para assumir uma nova posição em sua organização. Tinha várias responsabilidades e ainda apoiava um projeto social com crianças abandonadas.

Depois de aguardar bastante tempo para arrumar uma namorada, Moacir começou a namorar Milena. Os dois começaram a sonhar com a possibilidade de se casarem logo após o estabelecimento de Moacir num novo país. Depois de algum tempo de namoro, os dois tiveram um relacionamento sexual. Milena engravidou e a vida de ambos deu uma guinada. Um bebê não cabia nos planos da mudança para o exterior. A nova posição dele exigiria muitas viagens, o que deixaria Milena e o bebê sozinhos uma boa parte do tempo. A família de Milena era contra a ida dela para outro país.

Assim que foi procurar ajuda, Moacir admitiu algumas coisas para o seu mentor. A primeira coisa que o levou a essa situação foi nunca ter parado para pensar que as decisões da sua vida pessoal afetam diretamente sua liderança.

Uma pesquisa feita nos EUA revelou que os líderes não param mais que um minuto por dia para meditarem e pensarem em suas vidas. Conseqüências:

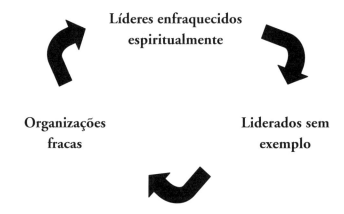

Normalmente os líderes não conseguem manter um tempo de meditação equilibrado e seqüencial, devido a uma rotina de vida totalmente alterada por compromissos e atividades. Daí, passam a pensar que por estarem numa posição de liderança, já ganham pontos e isso dispensa uma vida regular e regrada.

Esse grande erro tem levado milhares de líderes em todo o mundo a caírem em tremendas armadilhas. O pensamento mais enganoso e prepotente que um líder pode ter é o de que sua vida pessoal não tem nada a ver com sua liderança. Acreditar que o conhecimento adquirido, a posição, o cargo ou o *status* substituem ou reduzem a responsabilidade de uma vida pessoal equilibrada é o maior engano que se pode cometer.

Sua liderança não será melhor do que sua vida pessoal. Os planos da sua organização não serão melhores do que os seus planos pessoais e familiares. No entanto, se você não investe tempo para refletir sobre sua vida pessoal ou familiar, nem para planejar ou crescer em valores, como pode esperar que isso aconteça em sua liderança?

Um líder deve sempre investir tempo diário para meditar sobre sua vida, família e decisões pessoais. Essa é a ponte entre a vida e a liderança. Todavia, dentro do tempo de meditação, é importante analisar o seu caráter e sua espiritualidade. Essas duas coisas são os pilares que sustentam sua vida.

A seguir, sugiro alguns passos para que você possa fazer isto diariamente. No entanto, lembre-se: nenhum método funcionará, se você não impuser a si próprio uma disciplina rígida. A disciplina vai alimentar um compromisso que você assume, de ter uma vida firme e exemplar para que sua liderança seja de alto impacto.

COMPROMISSO E DISCIPLINA

Um bom exemplo para você entender a relação entre *disciplina* e *compromisso* é o relacionamento de um casal que está namorando. Quando um rapaz e uma moça começam a namorar eles firmam um compromisso. Esse compromisso pode até levar ao casamento. No entanto, o que alimenta o compromisso é a disciplina de ambos.

Eles precisam se encontrar constantemente, conversarem e se conhecerem. Se eles se encontrarem apenas a cada seis meses o compromisso continuará existindo, mas esfriará.

Todo compromisso só é alimentado quando algumas disciplinas são desenvolvidas para isto. Na liderança não é diferente. Na medida em que temos disciplinas, o nosso compromisso se firma. Quando relaxamos nas disciplinas, o compromisso continua existindo, mas esfria.

O roteiro a seguir depende de: *compromisso* e *disciplina*. Compromisso de buscar uma vida que seja uma referência para a sua liderança e disciplina de fazê-lo diariamente.

Para tornar sua disciplina uma coisa mais palpável, compre um caderno brochura simples e passe a escrever diariamente suas meditações, não como um diário, mas como um registro que ajudará a fixar os compromissos que você assume.

Primeiro passo – Exercício mental

Esse exercício objetiva fazer que você vá parando o ritmo das coisas que está fazendo ou pensando. Normalmente, quando você senta para meditar, está pensando num milhão de coisas, e quer fazer isto o mais rápido possível para sair correndo e resolver todas elas.

Use o caderno para escrever algumas linhas sobre *ontem*. Não é um diário. Escreva sobre alguma coisa boa ou ruim que aconteceu com você, principalmente sobre sua vida. O que aconteceu de mais significativo em sua vida ontem?, é a pergunta que você deve responder. Utilize no máximo umas dez linhas.

O objetivo dessa primeira parte é desacelerar sua mente. Normalmente você está sempre pensando no futuro e nas coisas que tem a fazer. Desacelerar a mente permite a preparação do seu coração para receber as novidades que vai descobrir nesse tempo.

Segundo passo – Escrever uma oração

Não importa qual é a sua religião. Numa coisa todos concordam: oração é uma coisa boa e todos precisam. A oração é um tempo de meditação e de conversa interior com Deus. Pode parecer estranho escrever uma oração, mas isto fará que você fique com estas coisas o dia todo em sua mente.

Outro motivo para escrever a oração é que quando se medita ou se ora, podem surgir outros pensamentos que desviam a atenção de Deus. No entanto, quando se escreve, a mente tem de se concentrar e normalmente ninguém consegue pensar em uma coisa e escrever outra.

Para escrever, você poderá ter como referencial o modelo de oração que Jesus usava:

a) *Gratidão a Deus* – Motivos que você tem para agradecer na sua vida. Escolha pelo menos um por dia.

b) *Confissão* – Um reconhecimento pessoal das áreas falhas em sua vida, nas quais você precisa melhorar.

c) *Petição* – Uma lista de motivos permanentes ou temporários, de coisas que você não conseguirá resolver pelas próprias forças, e precisará de ajuda. Possivelmente essa ajuda só virá de Deus.

Terceiro passo – Ouvir o coração

Depois que você falou um pouco do que queria, ouça o seu coração. Não se trata de nenhuma revelação, mas de sentir a voz do coração falando à sua mente. É sentir paz em relação aos assuntos sobre os quais você orou, pedindo sabedoria e direção.

Logo em seguida, você pode responder a quatro perguntas em seu caderno:

- Qual o próximo passo para que eu tenha mais sabedoria?
- Qual o próximo passo no desenvolvimento do meu caráter?
- Qual o próximo passo no meu relacionamento familiar?
- Qual o próximo passo na minha vida profissional e na minha liderança?

Essas respostas tornarão palpáveis a cada dia as áreas nas quais sua vida precisa crescer, e que criarão impacto na sua liderança.

Quarto passo – Meditar em provérbios de sabedoria

Para completar esse momento seu com o seu coração, é importante lembrar que não basta extrair do coração aquilo que está lá dentro. Isto ajuda no seu autoconhecimento. Entretanto, é preciso colocar no coração mais combustível para que ele continue funcionando cada vez melhor.

Um dos homens mais sábios do mundo, o rei Salomão, que também foi rei de Israel, disse certa vez que "cada pessoa deve guardar o seu coração, pois dele depende toda a vida". Além deste provérbio Salomão escreveu mais três mil provérbios de sabedoria, que são fruto da sua experiência na liderança e da sua espiritualidade.

Parto do pressuposto de que para ele escrever tudo isso, precisou tirar tempo para meditar e registrar suas experiências. Assim, minha recomendação é que você selecione alguns dos provérbios de Salomão para refletir a cada dia em sua vida. Esses provérbios já sobrevivem há cerca de três mil anos, e portanto são bem mais sólidos do que a grande maioria das coisas que se escrevem hoje. Você pode fazer isso da seguinte forma:

- Escolha alguns provérbios para meditar seqüencialmente.
- Medite num parágrafo. Não se preocupe com a quantidade de texto lido, mas com aquilo que vai ficar no seu coração para que você pratique.
- Leia o texto e medite por alguns minutos.
- Escreva no seu caderno coisas simples sobre o texto ou propósitos para a sua vida.

Comentários finais

Talvez você leve uma hora para fazer isso na primeira semana. Depois que você pegar prática, quem vai determinar o tempo a ser investido é você. O importante é que você invista tempo para fortalecer sua vida.

Normalmente aquilo que você escreveu no caderno fica em sua mente o dia todo. No dia seguinte, quando escrever sobre o dia anterior, a sua memória trará mais facilmente aquilo que se concretizou.

Este é um método para ajudar você a meditar e manter uma regularidade. Talvez você tenha outro método mais prático e funcional. O importante não é o método, mas é separar tempo para meditar em sua vida. Se você não investir tempo nisto, você será apenas mais um líder, mas não um líder que deixa marcas. O mundo está cheio de líderes, mas somente os líderes que deixam marcas profundas nas pessoas e na sociedade é que escrevem uma história da qual todos desejam lembrar.

Modelo para você usar diariamente

1. Escreva sobre ontem

_____

_____

_____

_____

2. Escreva a sua oração

a) Gratidão

_____
_____
_____
_____

b) Confissão

_____
_____
_____
_____

c) Petição

_____
_____
_____
_____

3. Ouça o coração

a) Qual o próximo passo para que eu tenha mais sabedoria?

_____
_____
_____

b) Qual o próximo passo no desenvolvimento do meu caráter?

_____
_____
_____

c) Qual o próximo passo no meu relacionamento familiar?

_____

_____

_____

_____

d) Qual o próximo passo na minha vida profissional e na liderança?

_____

_____

_____

_____

4. Medite em provérbios de sabedoria

_____

_____

_____

_____

2

A pessoa do líder

Alguns são líderes, e isto é dom especial. Se são líderes natos ou líderes feitos é uma discussão que vai durar a vida toda. Assim, não quero entrar nesse campo de discussão.

O que desejo enfocar aqui é que se você se interessou por este material é porque tem algo dentro de você que o conduz para a liderança. Desta forma, é preciso aperfeiçoar esse dom especial que existe em você, para que o seu papel seja cumprido no mundo.

Um dia você será guindado à liderança. Você não pode perder de vista que é líder por causa desse dom especial que existe em você, e não somente por causa do cargo que tem. Cargos são passageiros, líderes influenciam por toda uma vida. Cargos podem ser ocupados por pessoas que não são líderes, mas líderes não ocupam cargos que não estão relacionados à sua missão.

Assim, o primeiro desafio a ser encarado é saber por que você é líder. Escreva a seguir por que você acha que é líder e por que você deveria continuar querendo ser líder no futuro?

Por que você é líder?

_____

_____

_____

_____

18 • VIDA DE LÍDER

Por que você deveria continuar querendo ser líder no futuro?

_____

_____

_____

_____

_____

CARACTERÍSTICAS PESSOAIS E TRAÇOS DE PERSONALIDADE NÃO PODEM SER ESCONDIDOS

Quando Davi foi escolhido para ser o rei de Israel, ele não perdeu suas características pessoais. Isso o preocupava, pois elas podiam atrapalhar sua liderança. No entanto, a vida dele foi se transformando para alcançar os seus propósitos. Um líder não perde suas características pessoais ou traços de personalidade, mas eles precisam ser transformados para que você exerça uma liderança melhor.

Certamente você conhece de pronto áreas da sua vida que precisam ser transformadas, para que isso reflita uma liderança melhor. Pense um pouco agora nestas áreas que precisam de transformação.

O que precisa ser transformado em mim para que eu seja melhor?

1._____

2._____

3._____

4._____

TODO LÍDER PRECISA CONHECER-SE A SI PRÓPRIO

Conhecer-se implica olhar para dentro de si, e reconhecer que existem coisas que você nunca trouxe à tona, mas que podem interferir na sua liderança. O autoconhecimento oferece possibilidade de mudanças e maturidade na liderança.

Características da vida de um líder

Não são os liderados que tiram um líder do seu posto, mas sim a inabilidade do líder em saber administrar os seus pontos falhos. É preciso que você desenvolva suas qualidades espirituais, morais e pessoais, visando ao equilíbrio e maturidade.

1. Qualidades espirituais

Você não é só matéria, é também, e principalmente, espírito. São suas qualidades espirituais que podem levar você a ser uma pessoa irrepreensível, e ser um referencial.

Paulo foi um dos apóstolos de Jesus Cristo que se tornou um dos maiores multiplicadores de líderes da História. Ele dava a seguinte recomendação para os seus *trainees*. "Em tudo seja você mesmo um exemplo. Faça boas obras. Em seu ensino, mostre integridade e seriedade; use linguagem sadia, contra a qual nada se pode dizer, para que aqueles que se opõem a você fiquem envergonhados por não poderem falar mal de nós." [1]

Você teria coragem de passar uma hora de filme da sua vida para os seus liderados, sem cortes? Mesmo errando em algumas coisas, você poderia dizer para eles seguirem o seu exemplo, pois você erra, mas consegue consertar sua vida logo em seguida?

Em que eu tenho sido irrepreensível e servido de modelo?

_____

_____

Em que tenho sido exemplo negativo, e preciso de ajustes?

_____

_____

---

[1] Bíblia Sagrada – versão NVI – Tito 2.7,8.

2. Qualidades morais

Moralmente um líder deve cuidar da sua vida, assim como cuida dos próprios olhos. Um líder desmoralizado em qualquer área da vida normalmente perde a autoridade dos seus liderados. Esse líder até pode continuar exercendo uma função de liderança, mas as pessoas sempre terão um olhar de censura para com sua vida.

Neste aspecto, é interessante perguntar: O que dá mais lastro para a sua liderança: sua vida ou seu cargo?

3. Qualidades pessoais

Todo líder tem alguns alvos que o caracterizam. O apóstolo Paulo, que desenvolveu centenas de líderes em sua época, fez isso porque tinha uma marca pessoal bem forte. Ele tinha clareza da sua missão. Ele afirmou: "Não considero a minha vida de valor algum para mim mesmo, se tão-somente puder terminar a corrida e completar a missão que recebi...".[2]

Quando Paulo falou que sua vida só teria sentido se ele cumprisse seu alvo, estava olhando para o seu futuro e desejando cumprir sua missão. Um líder sem alvos é um líder sem missão.

Alvos pessoais – *O que você espera alcançar daqui a dez anos na sua vida?*

_____

_____

_____

Alvos para a liderança – *O que você espera alcançar daqui a um ano na sua liderança?*

_____

_____

Responda a estas perguntas após ler o texto a seguir e meditar.

---

[2] Bíblia Sagrada – versão NVI – Atos 20.24.

Decisões e Idéias para a Minha Vida

Em que propósitos eu gostaria de dedicar a minha vida e a minha liderança?

1._____

2._____

3._____

4._____

Para ler & decidir

Cada pessoa possui qualidades e tem liberdade de ação. Com esses dois fatores distintos, as pessoas se tornam diferentes umas das outras. Alguns indivíduos são líderes, e isto é um dom especial. Mesmo na liderança, as características pessoais e os traços de personalidade não podem ser escondidos. Muito ao contrário, é na liderança que as peculiaridades de cada um ficam em evidência.

O maior segredo de um líder são os segredos do seu interior.
Se você não conhecê-los e dominá-los bem,
as regras de liderança não farão você ter sucesso.

A pessoa do líder é muito complexa em sua natureza. Uma pessoa tem reações que às vezes nem mesmo conhece. Fala, pensa, ouve e reage de maneiras tão diferentes, a tal ponto que precisa passar a conhecer a si mesma para tomar atitudes que a dignifiquem. Na liderança, a vida de uma pessoa tem de ser bem mais ponderada, e é por isso que ela precisa se autoconhecer para refletir um bom exemplo aos seus liderados.

Quando você assume a liderança, tudo o que está no seu interior se tornará evidente. Os seus atos, decisões, palavras e gestos demonstrarão isso. Dentro do conjunto dos seus segredos, você descobrirá características boas e ruins.

Características da vida de um líder

Toda pessoa tem qualidades. Um líder em especial tem qualidades que podem ultrapassar as qualidades dos seus liderados e garantir-lhe essa posição. No entanto, existem qualidades positivas e negativas, e ambas influenciam os liderados. O fato de uma pessoa ser líder não significa que não tenha qualidades negativas. O líder precisa ter sabedoria para administrar suas qualidades negativas ou aquilo que vá refletir negativamente em seus liderados.

As imperfeições na sua vida como líder não tornam você inútil para o trabalho. No entanto, você não pode se conformar com os problemas que tem, sob o risco de se ver engolido por eles. Não são os liderados que tiram um líder do seu posto, mas sim a inabilidade do líder de saber administrar os seus pontos falhos.

Os segredos mais íntimos de um líder envolvem as áreas mais profundas da sua vida. É nessas áreas que o líder precisa ter mais "jogo de cintura" para que não seja derrubado por si próprio.

1. Qualidades espirituais

Como disse, você não é só matéria, mas, principalmente, espírito. São suas qualidades espirituais que podem levar você a ser uma pessoa irrepreensível, e ser um referencial.

O maior segredo que um líder pode ter é uma vida espiritual tão extraordinária que cause vontade nos outros de imitá-lo. Logicamente, isto acontecerá pelo exemplo prático que ele refletirá nas pessoas e não por intermédio de um *marketing* pessoal que pode ser forjado a qualquer tempo.

Lembro-me bem de dona Helena Goldsmith, professora, na faculdade, de uma matéria chamada Vida Familiar. Somente sua presença era suficiente para demonstrar sua autoridade em relação àquilo que ensinava. Todos sabiam que o que ela falava, por intermédio de princípios, era o que vivia na prática. Muitas pessoas a procuravam para ajuda, e muitos procuravam imitá-la. Uma das suas principais características era ser irrepreensível.

O líder deve procurar a todo custo ser irrepreensível. Não deve haver motivo para que algum liderado chegue até o líder e diga que ele não está cumprindo este ou aquele passo que ensina. Um exemplo milenar de liderança neste aspecto é um personagem bíblico chamado Daniel. A História relata que Daniel foi escolhido pelo rei Nabucodonosor, em 605 a.C. para ser um oficial do governo na Babilônia. Em certo momento, seus inimigos queriam encontrar algo errado em sua vida, e fizeram uma devassa, mas não conseguiram encontrar nada que pudesse incriminá-lo. Passaram então a procurar algo em que pudessem surpreendê-lo, nem assim o conseguiram. Daniel foi irrepreensível em sua vida, e essa regra faz parte do maior segredo de um líder.

2. Qualidades morais

Para ser um líder referencial e que deixa marcas no mundo, é preciso que sua vida seja limpa. Moralmente um líder deve cuidar da sua vida, assim como cuida dos seus olhos. Quando seus olhos não enxergam bem, você usa óculos ou lentes para ver melhor. Se a sua visão está embaçada, você usa um remédio para ver tudo límpido. Se na sua vida moral houver sujeira, você não conseguirá ver direito o caminho pelo qual deve conduzir as pessoas ou a organização que lidera.

Um líder desmoralizado não conseguirá desenvolver o seu trabalho novamente, pois as pessoas não acreditarão mais nele. Em todos os tempos existem sempre algumas áreas que são nevrálgicas na liderança. Líderes de todas as épocas têm caído por causa de dinheiro, sexo ou outra coisa que traz somente prazer momentâneo.

Organizações sérias precisam de líderes limpos, que tenham uma visão clara e sem distúrbios. Liderança sem moralidade é ilusão.

Esse é um segredo da liderança que não tem preço. Você pode não conseguir praticar todas as regras para se tornar um líder excepcional, mas se tiver uma vida limpa, a sua visão clara das coisas o levará a atingir objetivos significativos.

3. Qualidades pessoais

Todo líder tem alguns traços que o caracterizam. Alguns são mais organizados que outros. Uns são extrovertidos até demais, outros falam somente o necessário e assim por diante. No entanto, existem algumas qualidades pessoais com as quais cada líder deve se preocupar, e que podem se constituir em verdadeiros segredos para o sucesso na liderança.

4. Alvos pessoais

O líder que não conseguir estabelecer alvos concretos para a sua vida pessoal, para os próximos dez anos não conseguirá estabelecer um alvo para a sua liderança pelo período de um ano. Sem alvos não se chega a lugar algum. Os alvos pessoais se constituem num segredo estratégico para que o líder obtenha sucesso nos alvos da sua liderança perante um grupo.

5. Alvos para a liderança

Outro segredo estratégico é estabelecer alvos para a sua liderança. Quando você assume uma posição de liderança, deve estabelecer os alvos para o seu tempo naquela função. Assim você avaliará se está progredindo ou não. Então também saberá em que tempo deve sair daquele cargo, ou reformular os seus alvos para mais um período.

O desequilíbrio em alguma destas áreas fatalmente
trará reflexos negativos para o grupo

A INFLUÊNCIA DO LÍDER NOS LIDERADOS

Todo líder exerce influência em seus liderados. Essa influência pode ser positiva quando você está consciente do seu papel e procura dar o melhor de si naquilo que faz. Pode também ser negativa se você tem uma vida desorganizada e sem rumo.

Não se pode negar a influência natural do líder sobre os seus liderados. Há alguns liderados que até tentam imitar atitudes de seus líderes nas próprias vidas. A convivência provoca isso, até inconscientemente. Por esse motivo é preciso tomar muito cuidado com as atitudes e procedimentos. Um aspecto negativo da vida de um líder pode ser transmitido a outros sem que se perceba.

Um dos segredos pessoais do líder é saber exercer sua influência sem que os outros percebam e sem se tornar impositivo. Quando isso ocorre, dificilmente o líder é contestado por qualquer motivo, e sua liderança será sempre reforçada por sua influência natural sobre as situações e as pessoas.

Desenvolvendo novos líderes

Além da influência natural, o líder precisa exercer a influência planejada e desenvolver novos líderes. Isto surge da vontade de que mais pessoas se desenvolvam para a liderança e se capacitem para o bom desempenho dessa posição. Desenvolver novos líderes não é somente a transmissão de dados ou informações sobre a forma de liderar, mas, sobretudo, *transmissão de vida*. No entanto, para você exercer esse tipo de influência, é preciso considerar algumas coisas:

⇨ A sua vida tem algo a transmitir a alguém, ou você fará uma vítima?

⇨ Você quer desenvolver novos líderes dependentes ou independentes de você?

⇨ Você sabe valorizar as qualidades das pessoas em desenvolvimento?

Autognose e as marcas da vida

Autognose é o autoconhecimento que cada líder deve ter de si mesmo. Não basta o desejo de ser o exemplo se você não sabe o que tem dentro de você para ensinar aos outros. Às vezes, pode existir tanta coisa ruim dentro do seu coração que isso colocará você em dúvida diante dos seus liderados.

Uma pessoa é um labirinto e poucos conhecem a si mesmos. Todos têm os seus problemas, inclusive os líderes. Como então liderar e ajudar outros, sem antes ter uma visão da própria estrutura emocional? É preciso fazer isso para evitar a hipocrisia. Todas as pessoas às vezes têm dificuldades em se autoaceitar em alguma área da vida. Às vezes, as pessoas olham para os problemas internos como se não existissem ou então escondem as dificuldades. Há os que dizem "sou assim mesmo, não tem jeito".

É preciso ser você mesmo. Saber dos problemas e se conscientizar deles. Reconhecer suas dimensões e saber até onde vai sua capacidade e a forma de agir.

À medida que uma pessoa conhece os seus problemas, ela passa a perceber as marcas existentes em sua vida. Marcas que às vezes precisam de remédio e cura. É preciso curar a mente, emoções, lembranças desagradáveis etc. O apóstolo Paulo, em um dos seus textos clássicos, fala sobre a renovação da mente e isso significa cura interior. Cura interior significa romper os laços do passado. A mente serve muitas vezes como "lixo" para a raiva que se manifesta na vida das pessoas. Alguns precisam de cura para mágoas profundas, causadas por problemas de formação (relacionamento com os pais). Outros, por alguma coisa que fizeram de errado na vida.

Há outros ainda que precisam de cura para algo que aconteceu (acidente), ou para se livrar de algum preconceito (defeito físico). É preciso então encarar o passado, dar e receber perdão e buscar uma vida feliz.

A pessoa do líder é fundamental no desenvolvimento das organizações. Líderes despreocupados com a própria vida causam mais problemas. Faça uma análise da sua vida. Olhe para as suas emoções e verifique suas qualidades. Veja se está realmente pronto para liderar.

Esse é um segredo que levará você a ser um líder mais firme e autêntico. Libertando-se das feridas do passado, sua visão do futuro estará firmada em barreiras superadas e não em sacos de areia nas suas costas.

3

Descubra a criatividade

Pense na próxima atividade ou projeto que você precisa realizar e relacione três formas diferentes de fazer isso.

1._____

2._____

3._____

O maior problema de todo líder normalmente é: *O que fazer da próxima vez para não ser repetitivo?*

De vez em quando, acende uma luz em alguém, e uma coisa diferente acontece. No entanto, quando a atividade ou projeto chega ao fim, alguém já está fazendo a pergunta novamente: *E da próxima vez?*

Certamente não existe um poço de idéias onde se possa tirar, semanalmente, com um balde, idéias novas e não repetidas. Entretanto, cada um de nós possui um poço inesgotável de "possibilidades" bem por perto: o cérebro. Pesquisadores já demonstraram que não usamos sequer 10% da nossa capacidade mental para gerar idéias, criar coisas ou raciocinar.

A repetição pura e simples das coisas vai cansando as pessoas e tornando você um líder chato e sem criatividade. Rotina e criatividade são inimigos mortais dentro da sua mente e, na medida em que a rotina consegue convencê-lo a não pensar "duro", ela vai asfixiando a criatividade, que acaba morrendo.

Em algumas organizações, a criatividade já foi enterrada há algum tempo, com várias coroas de flores, salva de 21 tiros e túmulo de mármore. Na porta da sala de algumas organizações civis e religiosas existe uma lápide com os dizeres "Aqui jaz a Criatividade".

Espero que esse não seja o seu caso. Desejo lhe propor que você ressuscite a criatividade e faça que ela acabe com a rotina e a mesmice.

SERÁ QUE SOU CRIATIVO?

A primeira pergunta que talvez você esteja fazendo após esta introdução é:

Será que sou criativo (a)?

_____

_____

_____

Há pelo menos três perguntas que você pode fazer, segundo Roger Von Oech, que podem lhe ajudar a responder:

Tenho arriscado meu pescoço ultimamente?

_____

_____

_____

Tenho perguntado "E se...?" para aguçar minha imaginação?

_____

_____

_____

Tenho mantido a mente aberta quando examino idéias novas?

_____

_____

_____

Segundo Von Oech, às vezes, a falta de criatividade pode ser a causa de tártaro acumulado no cérebro. Para isso, o remédio é "fio mental". No entanto, alguns casos já se tornaram mais graves, e as pessoas estão estacionadas no tempo e no espaço. Em lugar de fazer as perguntas citadas, usam sempre os argumentos:

- Não é importante
- Já sei a resposta
- Não tenho tempo
- Não sou criativo

Isso acontece quando você passa o tempo todo no papel de "bombeiro", apagando incêndios, cumprindo rotinas e se deixando dominar pela mesmice, em vez de dominá-la. Se você pensa que já sabe de tudo, conhece todas as respostas ou tem mais de 20 anos de experiência no que faz, e fecha-se para novas respostas que possam surgir para a mesma pergunta ou problema, você jamais vai descobrir que pode existir outra forma de ver as coisas.

PERSONAGENS DO PROCESSO CRIATIVO

Roger Von Oech, no livro *Um chute na rotina*, diz que o processo criativo depende de quatro personagens:

Explorador, artista, juiz e guerreiro

Ao sair em busca de novas informações, seja explorador.
Ao transformar dados em idéias, seja artista.
Ao ponderar sobre a idéia, seja um juiz.
Ao colocar a idéia em prática, seja guerreiro.

1. O explorador

O explorador não é aquele que tira pirulito de crianças indefesas, mas é a pessoa que procura idéias. Um bom explorador sabe que procurar idéias é como garimpar ouro. Explorar implica aventurar-se em caminhos nunca

trilhados. As novas idéias podem estar na rua, no ônibus, na praia, na rodo-
viária, na loja de ferragens, depósitos de ferro-velho, *shopping*, bibliotecas,
estacionamentos, restaurantes, parques etc.

Você precisa estar constantemente com sua antena parabólica cerebral
ligada. Às vezes, uma notinha no canto de um jornal jogado na rua pode
dar uma excelente idéia para uma aula. Uma frase solta de uma criança,
um conselho da vovó, um comentário que você ouviu dentro do ônibus ou a conversa com o vizinho. Tudo pode se transformar em grandes
idéias.

O psicólogo William James disse que "a arte de atingir a sabedoria é a
arte de saber o que procurar". Não adianta também sair por aí olhando para
tudo e para todos sem saber o que você quer.

Olhe em volta e focalize cinco objetos de cor verde. Sintonizando a cor
na sua mente, as coisas aparecem. Já observou que basta comprar um carro
novo para ver igual em cada esquina? O objetivo desse exercício é demonstrar que você precisa saber o que está procurando para poder encontrar.

Muitas vezes você vai adaptar uma idéia para atingir o seu objetivo. Mas
tome cuidado para não imitar coisas bizarras como: "video cassetadas", "Ro-
letrando", ou "Carnê da Felicidade". Estou falando em adaptar idéias criativas. Thomas Edison disse certa vez que "as idéias só precisam ser originais
na adaptação ao problema em que você estiver trabalhando".

O filósofo Émile Chartier disse que "nada é mais perigoso do que uma
idéia quando ela é a única que você tem". Para pensar nisto, temos de
lembrar o que diz Linus Pauling, cientista e duas vezes Prêmio Nobel: "A
melhor maneira de ter uma boa idéia é ter um monte de idéias".

Você quer fazer um bom projeto ou atividade, pensa um pouco, e tem
uma grande idéia. Depois, desliga seu cérebro e passa a executá-la. Pode ser
que ela seja boa, mas se continuar pensando, surgirão outras.

O inventor Ray Dolby (o homem que eliminou o chiado das gravações
musicais) diz que "o melhor candidato a inventor é o que diz 'É, isso resolve,
mas não parece a melhor solução'. E continua a pensar".

Quando você não pára na primeira idéia, pode chegar a um lugar
diferente do inicial. Heráclito, disse que "se você não espera o inesperado,

não o encontrará, pois a ele não se chega nem por pesquisa nem por trilha". Graham Bell tentava inventar um aparelho para surdez; inventou o telefone. Colombo saiu em busca das Índias; descobriu a América. A História está cheia de casos assim.

a. Não subestime o óbvio

O explorador Scott Love disse: "Só o mais tolo dos ratos se esconderia na orelha de um gato. Mas só o mais esperto dos gatos se lembraria de procurá-lo lá". Você sempre precisa perguntar se existem recursos mais eficientes diante de você. Os detalhes são extremamente importantes, e podem causar um diferencial naquilo que você faz.

b. Use obstáculos para sair da rotina

Vamos supor que você siga uma rotina e, nos últimos anos, as atividades da sua organização são meras repetições. Um dia, aparece um obstáculo que impede o avanço. Como você lida com isso?

Se alguém chegasse para você e dissesse: "A partir da semana que vem, sua organização não terá mais uma sala para se reunir". O que você faria? Entraria em desespero? Iria falar com o seu líder? Acabaria com a organização? Ou começaria imediatamente a pensar em novas formas criativas de reunir o pessoal e continuar atingindo seus objetivos?

O explorador levanta muitas hipóteses, até absurdas, para delas tirar novas idéias e quebrar a rotina do dia-a-dia. No entanto, para que você consiga fazer isso numa organização, é preciso conseguir fazer isso na sua vida em primeiro lugar. Se você faz as mesmas coisas, nos mesmos horários, da mesma forma, você transfere isso para a organização. É mais fácil. Não precisa pensar, é só repetir tudo.

Programe "quebras" na sua rotina. Mude o horário de trabalho. Faça outro percurso para chegar ao trabalho. Ouça outra estação de rádio. Cultive novas amizades. Experimente uma receita diferente. Leia as seções do jornal que normalmente você não lê.

Lembre-se: muita gente não parte para explorar por vários motivos.
Um deles é que é fácil se deixar atolar nas rotinas do cotidiano.

Abraham Maslow, um psicólogo, disse que "para quem só sabe usar martelo, todo problema é um prego". A conseqüência é que gente desse tipo reluta em olhar para fora. Limita-se ao campo conhecido. É preciso sair do seu quintal para ver o que o vizinho fez no dele. Criatividade depende essencialmente de visão, e visão só se amplia olhando para fora do ambiente em que você está.

2. O artista

Pense numa atividade ou projeto que você realiza habitualmente, e relacione-a:

_____

_____

Agora imagine realizar essa atividade ou projeto completamente diferente. Como seria?

E se tudo fosse invertido?

E se você mudasse a estrutura?

_____

_____

_____

Ser artista é isto: *mudar padrões, olhar as coisas de modo diferente, experimentar diversas abordagens. Um modo simples de pôr em prática o pensamento imaginário é perguntar:*

_____

_____

E se..............................?

_____

_____

✓ E se o pessoal da minha organização não quisesse mais participar, o que faria?
✓ E se eu não tivesse ninguém para cuidar de uma área essencial?
✓ E se eu fizesse uns cartazes para apresentar ao pessoal uma nova política ou projeto, em vez de fazer aquela reunião normal, falando o tempo todo?
✓ E se acabar a luz no dia daquela apresentação do novo projeto, o que farei?

Quando você pergunta "E se...?", está na verdade exercitando também a prática da inversão. Procure olhar para o lado oposto, o avesso das coisas. Às vezes a solução de um problema não está no ângulo que você está olhando. Mas se você olhar do lado oposto, poderá encontrar uma resposta.

a. Faça conexões

O artista também faz conexões. O crítico Ralph Caplan disse que "toda arte, assim como grande parte do conhecimento, implica perceber ou fazer conexões. Nada pode ser aprendido ou assimilado sem que antes seja associado ao que já sabemos". Isto foi o que Salomão, como escritor de mais de três mil provérbios, fez. Jesus em suas parábolas basicamente estabeleceu conexões para que as pessoas entendessem aquilo que ele queria ensinar.

b. Quebre as normas

Pensar criativamente pode significar a mera constatação de que não há mérito algum em fazer as coisas do jeito que sempre foram feitas. Se você acha que isso não é verdade, pense em cinco coisas que não lhe agradam em sua atividade. Será que alguma delas já não pode ser eliminada?

As normas existem para "ajudar" o ser humano a agir e realizar. No entanto, elas não podem se tornar em amarras. A partir do momento em que as normas sufocam o fluir das coisas, elas precisam ser mudadas. Quando o presidente Fernando Collor assumiu o poder, foram extintas mais de 90 mil leis, decretos e normas que já não faziam sentido no Brasil. Até hoje ninguém sentiu falta delas, e, diga-se de passagem, estamos vivendo bem melhor.

O maior perigo a que se expõe o artista é ficar preso à rotina do que é familiar. Quanto mais olhamos ou fazemos as coisas do mesmo modo, tanto mais difícil se torna pensar nelas sob novos ângulos.

No antigo Egito houve uma época em que foi necessário pensar diferente e ter um plano. Faraó teve um sonho que foi interpretado por um escravo judeu chamado José. O sonho falava de um tempo difícil de fome que viria pela frente. Antes, porém, viria um tempo de fartura. Depois de interpretar o sonho do Faraó, José elaborou um plano. Ele disse:

"Procure agora o faraó um homem criterioso e sábio e coloque-o no comando da terra do Egito. O faraó também deve estabelecer supervisores para recolher um quinto da colheita do Egito durante os sete anos de fartura. Eles deverão recolher o que puderem nos anos bons que virão e fazer estoques de trigo que, sob o controle do faraó, serão armazenados nas cidades. Esse estoque servirá de reserva para os sete anos de fome que virão sobre o Egito, para que a terra não seja arrasada pela fome. O plano pareceu bom ao faraó e a todos os seus conselheiros".

Será que ninguém teve uma idéia tão simples dessa, de armazenar a comida no tempo de fartura para comer no tempo de fome? Realmente não.

Foi preciso uma mente criativa como a de José para pensar nisso. Talvez até pudesse existir uma idéia próxima a essa, mas um "artista" como José precisou lapidar a idéia. Foi isso o que ele fez. Sua idéia foi aceita, e além disso ele se tornou o governador do Egito.[1]

3. O juiz

O juiz serve para julgar o artista e ponderar os exageros. Você dá uma de explorador e relaciona uma centena de idéias. O seu artista transforma essas idéias em verdadeiras obras de arte. Todavia, o juiz precisa avaliar, para ver se você não vai fazer nenhuma besteira.

---

[1] Bíblia Sagrada – versão NVI – Gênesis 41.33-37.

No entanto, cuidado. O juiz não pode matar a idéia, ele precisa apenas julgá-la, sem tendências, e servir como alguém que vai lapidar a idéia para torná-la ainda melhor. A principal função do juiz é saber conviver com o novo. Se isso não acontecer, nenhuma idéia será boa.

O cientista W. I. Beveridge disse que "assim como o corpo estranha substâncias desconhecidas, a mente humana não gosta de idéias estranhas e a elas reage com igual energia".

E se não der certo?

Não fazer é tão arriscado quanto fazer – Trammel Crow, incorporador imobiliário.

Ninguém jamais alcançou a glória agindo com prudência – Harry Gray, executivo.

O juiz cuida da ponderação, mas não do retrocesso. Pensar criativamente implica não temer o fracasso. O ruim do conservadorismo é o medo. Claro que ninguém gosta de errar; mas se acontecer, você pode aprender com o erro. O romancista James Joyce disse: "Os erros de um homem são seus portais para a descoberta". Porém, depois de um erro a vida continua. Tem gente que se preocupa tanto com o fracasso que chega a ponto de nunca tentar nada inovador.

Um juiz criativo distingue entre "erros por ação" (cometidos quando se tenta fazer algo novo) e "erros por omissão" (cometidos quando não se age, perdendo oportunidades). Certo dia, meu filho de nove anos chegou para mim e perguntou: "Papai, o que você vai fazer comigo se eu tirar zero numa prova algum dia?" Ora, eu sei que ele sempre foi estudioso, e isso nunca aconteceu com ele. Naquele momento, tive de fazer um julgamento rápido para dar uma boa resposta. Assim, disse a ele que se tivesse estudado bastante e mesmo assim tirasse zero, eu não iria castigá-lo. No entanto, se o zero fosse por causa de negligência ou falta de estudo, aí sim, eu o castigaria.

Para se julgar uma idéia é preciso ter pressupostos. Se você não tem pressupostos de como julgará, toda idéia nova será ruim, e as velhas coisas sempre serão as melhores. No entanto, ter idéias novas é fácil; difícil é abandonar o que funcionava bem há algum tempo, mas logo vai ficar obsoleto.

A hora da decisão

Outra dificuldade de um juiz é tomar a decisão. Quando chega a hora de decidir, começa a enrolação. O corredor Grant Heidrich disse que "Se você passar muito tempo no aquecimento, você pode perder a hora da corrida. Se não se aquecer, não atingirá a fita de chegada". A tarefa mais importante do juiz é decidir. Se ele não tomar uma decisão, bloqueará o processo criativo.

Donald Kennedy, reitor da Universidade Stanford, afirma que "Tem muita gente frustrada, parada na esquina, esperando um ônibus chamado perfeição". Da mesma forma que você não pode decidir na primeira idéia que aparece, não deve ficar sempre esperando que uma melhor surja. Sempre vai existir algo melhor que pode aparecer. Só que, se você ficar esperando a perfeição, pode não realizar nada. Na hora de decidir, decida.

Em todas as organizações surgem novas visões. Geralmente são idéias novas e contrárias aos paradigmas. A tendência é querer continuar a fazer tudo que sempre foi feito. Às vezes se resiste à visão até quase matá-la.

No entanto, não se pode ser um juiz muito severo. É preciso julgar sem matar a idéia, apenas ponderando os riscos. Se a idéia passa pelo juiz, chega a hora do último personagem.

4. O guerreiro

Yoda diz em "O império contra-ataca" que "Tentar? Isso não existe. Só existe fazer ou não fazer". O filósofo alemão Goethe disse: "A coisa mais difícil do mundo é transformar idéias em ação".

Chegou a hora! Se você foi explorador e descobriu muitas coisas, depois artista e transformou-as em obras-primas, passou essas idéias pelo crivo do juiz, agora nada mais resta senão realizar.

Como as pessoas vão reagir? Você só saberá depois de fazer. Não existe possibilidade de criar uma simulação no computador para saber se uma idéia dará certo ou não, do ponto de vista de reação das pessoas. Certa vez, participei de uma conferência com Caio Gracco, da Editora Brasiliense. Perguntaram a ele como era possível saber se um livro seria ou não um *best-seller*. Ele disse: "A única forma de saber isto é lançando o livro".

Certamente a pessoa que perguntou isso desejava saber uma maneira de não gastar dinheiro publicando livros que não fariam sucesso, e principalmente uma forma de evitar o desgaste do fracasso. Na verdade, isso não existe.

Desenvolver idéias novas está muito relacionado com o sentido de mudança das coisas. Então saiba de uma coisa. Há dois princípios básicos na vida:

A mudança é inevitável.
Todo mundo resiste à mudança.

A única pessoa que gosta de mudança é o bebê que molhou a fralda.

Certamente uma das coisas que o guerreiro vai encontrar na hora de implantar uma idéia é resistência. Muitos vão chegar para você e dizer: "É radical demais". "Contraria nosso regimento". "Você garante que vai funcionar?" "O departamento jurídico desaconselha." "Não é prático." "Não tem espaço para isto em nossa organização." "Não temos tempo" etc.

Não é raro as pessoas se sentirem ameaçadas e usarem a crítica só para demolir uma idéia. É fundamental ter em mente que existem os "matadores de idéias", gente que critica por criticar. Quando alguém criticar, veja se a crítica é válida.

Você pode até fazer um pacto com seu grupo: Para cada crítica que alguém fizer, é necessário que se dê uma idéia nova. O objetivo não é tolher a crítica, mas estimular as pessoas a pensarem, por mais absurdas que sejam as idéias que vão surgir.

Thomas Edison disse: "Quando você sentir que está sendo 'engolido', lembre-se de Jonas – ele saiu inteiro de dentro da baleia".

Para que as coisas aconteçam de forma ordenada e gradativa, planeje. Esse é o melhor segredo para suas novas idéias acontecerem de forma racional. Não vá querendo fazer tudo de uma vez. A mudança é inevitável, mas ela acontece em etapas. Passe mais tempo fazendo coisas para as pessoas, do que coisas para alimentar a estrutura. As pessoas são mais importantes que a estrutura.

Na hora de realizar, a principal característica de uma pessoa é a coragem. Aristóteles disse: "A coragem é a mais alta das qualidades humanas, pois é a qualidade que garante as outras". Um elemento crucial do pensamento criativo é a coragem de assumir riscos. Coragem vem do latim *cor, cordis,* que quer dizer coração. Ter coragem é pôr o coração no que se faz.

A jornalista Kathy Seligman disse que: "Você nunca vai acertar um belo direto sem subir no ringue. Nem pescar um peixe sem lançar o anzol. Nem chegar a coisa alguma se não tentar". Uma máxima de Wall Street diz que "Saber e não fazer é não saber".

Os maiores inimigos da ação? O medo e a insegurança. Carl Ally disse: "Ou você não faz as coisas que deseja, e deixa a vida passar, ou se levanta e trata de fazê-las". Parafraseando: "Ou você não faz coisas novas e deixa as pessoas paradas no tempo, ou se levanta e trata de pensar e inovar".

Um grande exemplo de guerreiros que executaram uma brilhante idéia aconteceu nos dias de Jesus.[2] O relato fala do episódio em que Jesus curou um paralítico que foi trazido até ele por alguns homens. No entanto, como não havia como entrar na casa em que Jesus estava, pois havia muita gente, eles abriram o teto e baixaram o paralítico numa maca, no lugar onde Jesus estava.

Eles poderiam apenas ter dito: nunca vamos conseguir chegar onde Jesus está. A multidão o está cercando. Entretanto, alguém explorou todas as possibilidades e teve essa brilhante idéia, um artista pensou nos detalhes, o juiz ponderou os riscos, mas aqueles homens foram guerreiros e executaram a idéia. Aquele paralítico desceu pelo telhado, chegou onde Jesus estava e foi curado porque alguns homens se dispuseram a executar a idéia.

Sem um guerreiro uma idéia brilhante pode se transformar apenas numa bela teoria.

FIXANDO

Alex Kroll, um publicitário, disse que: "Ter idéias é como fazer a barba: basta falhar um dia para virar vagabundo".

---

[2] Bíblia Sagrada – versão NVI – Marcos 2.1-12.

Lembre-se de que você está a serviço de uma causa nobre. Não se esqueça de alguns princípios que podem sempre impulsionar você.

- Pense além dos limites. Não restrinja suas atividades ou projetos ao lugar ou às condições que tem.
- Crie novos parâmetros que alteram os atuais. Se você se limitar aos parâmetros atuais, isto vai se tornar lei e vai engessar você.
- Faça perguntas para responder a outras perguntas, em lugar de dar respostas prontas.
- Coloque as pessoas acima das tarefas, para buscar novas formas de criar qualidade de vida e influenciar.
- Tire a palavra impossível do seu dicionário. Pense sempre numa nova forma de fazer as coisas.

Proponha-se a fazer diferença na época em que você vive e na vida das pessoas. Pergunte a si mesmo todos os dias pela manhã quando sair da cama:

Que diferença estou fazendo na vida das pessoas?

_____

_____

_____

_____

4

Planejamento,
não viva sem ele

Tudo que se faz na vida deve ter um planejamento

A seguir, você tem um roteiro para elaborar um planejamento básico, desde a parte estratégica até a operacional. No bloco de leitura deste capítulo, você encontrará um roteiro detalhado para elaboração de um planejamento.

Passos básicos do planejamento

Inicialmente é preciso fazer um levantamento de todas as *necessidades* do grupo ou organização. Depois, deve-se levantar os *problemas* e realizar uma *avaliação* de toda a situação. Em seguida é preciso relacionar os *desafios* e *oportunidades* de trabalho. Assim, todos os dados básicos estarão formulados para estabelecer os alvos do plano.

Levantamento de necessidades, problemas, desafios e oportunidades

1. Quais são as maiores *necessidades das pessoas* que integram sua organização no momento?

---

44 • VIDA DE LÍDER

2. Quais são as maiores *necessidades da organização* do ponto de vista de estrutura?

_____

_____

_____

_____

3. Quais são os maiores *problemas* que existem para serem superados no momento, e no futuro?

_____

_____

_____

_____

4. Que *avaliação* pode ser feita das necessidades e dos problemas? (causas que deram origem às necessidades e problemas)

_____

_____

_____

_____

5. Que *desafios* sua organização precisa enfrentar no futuro?

_____

_____

_____

_____

6. Que *oportunidades* existem hoje que não podem ser desperdiçadas?

_____

_____

_____

_____

Check-up
Baseado na Parábola do Semeador

✎ *Sementes plantadas à beira da estrada*
1. Que coisas estão sendo feitas, mas os resultados são absorvidos por outros?

2. Que coisas estão sendo feitas superficialmente?

✎ *Sementes plantadas em solo rochoso*
1. Que profundidade existe nos relacionamentos das pessoas que participam da organização?

2. Que sementes (projetos ou idéias) estamos plantando, vendo crescer e morrer rapidamente?

✎ *Sementes plantadas entre os espinhos*
1. Que conflitos enfrentamos para alcançar nossos objetivos?

2. Que sementes (projetos ou idéias) têm possibilidade de crescer, mas estão sendo sufocadas?

46 • VIDA DE LÍDER

✎ *Sementes plantadas em boa terra*

1. Em que áreas devemos trabalhar para atingir nossos objetivos?

_____

_____

2. O que devemos fazer para alcançar o nosso público-alvo de forma mais efetiva?

_____

_____

✎ *Declaração de missão*

Escreva agora numa frase algo que possa refletir a missão da sua organização.

_____

_____

✎ *Definição de objetivos*

Estratégias e metas

1. Quais são os *objetivos* que podem fazer que alcancemos nossa *missão*?

_____

_____

_____

_____

2. Quais são as *estratégias* para atingirmos esses objetivos?

_____

_____

_____

_____

_____

_____

3. Que *metas* podemos estabelecer para alcançar os *objetivos?*

_____

_____

_____

_____

_____

4. Quais as *atividades necessárias* que precisamos promover para atingir os objetivos?

_____

_____

_____

_____

_____

Para ler & decidir

Tudo o que se faz na vida deve ter um planejamento, ou pelo menos deveria. Nem todos sabem trabalhar com planos.

Um grande número de pessoas gosta de ir em frente de qualquer jeito. No entanto, não podem reclamar depois se as coisas não saíram exatamente da forma que desejavam. Os planos servem como bússola, pois orientam para onde estamos indo. Eles também funcionam como um mapa, pois ajudam a encontrar a estrada certa, e a andar nela até o destino.

Além disso, o planejamento também pode ser considerado uma declaração de intenções. É colocar no papel aquilo que você espera fazer, que alvos atingir, em quanto tempo, com que recursos, a partir de que ponto e principalmente com que objetivo. Os planos dão impulso à vida e às organizações. Uma organização sem planejamento pode ir para qualquer lugar que tudo estará bem, pois não há alvo definido.

Todos os atletas têm o seu reserva,
todo presidente tem um vice
e todo planejamento que se preze
tem sempre um plano B

No entanto, o fato de fazer um planejamento não significa que tudo vai dar certo. Os planos também falham, e nessa hora é preciso ter um "plano B". O planejamento ajuda até nisso. Ele força você a prever as falhas e já se preparar para elas.

A seguir, você tem um roteiro de como elaborar um planejamento, desde a parte estratégica até a operacional. Depois você verá um roteiro detalhado de como elaborar um projeto para uma organização. Esse material é resultado de pesquisas e seleção dos melhores roteiros existentes, utilizado para empresas e organizações de todos os portes.

Passos

Inicialmente é preciso fazer um levantamento de todas as *necessidades* do grupo ou organização. Depois, deve-se levantar os *problemas* e realizar uma *avaliação* de toda a situação. Em seguida é preciso relacionar os *desafios* e *oportunidades* de trabalho. Assim, todos os dados básicos estarão formulados para estabelecer os alvos do plano.

**Necessidades + Problemas +
Avaliação + Desafios + Oportunidades
= Bases para o Planejamento**

Necessidades – Conhecer as carências do grupo ou organização por intermédio de pesquisas, debates etc.

Problemas – Levantar dificuldades percebidas de relacionamento, administrativas, financeiras etc.

Avaliação – Com base nos dados anteriores, proceder a uma análise racional da situação da organização, procurando relacionar uma provável solução para cada item.

Desafios – Trata-se de relacionar tudo o que a organização pode fazer nos próximos anos com base nas necessidades, problemas, objetivos estruturais e idéias surgidas no grupo.

Oportunidades – Igualmente, devem-se relacionar todas as circunstâncias, situações, avanços e resultados que podem ser alcançados no trabalho da organização.

Um exemplo prático

Necessidade – Envolver os liderados na elaboração de um novo projeto.

Problema – Falta de motivação e compromisso.

Avaliação – A necessidade de envolver os liderados na elaboração desse novo projeto é uma prioridade, pois isso se origina da falta de visão da organização no passado.

Desafio – Realizar uma viagem de cunho social com a equipe, para construir numa semana um galpão para um orfanato. Com isso, a equipe poderá ver que juntos eles podem realizar alguma coisa que faz diferença na vida de outras pessoas.

Oportunidade – Aproveitar um período de baixa atividade na organização para fazer a viagem e levar todos para uma cidade carente, onde exista uma organização social com um líder visionário que possa contagiá-los.

CHECK-UP

A análise de uma organização pode ser feita utilizando a parábola do semeador.[1] A parábola do semeador é uma história contada por Jesus, que usa situações da agricultura que se aplicam à vida e às organizações. A parábola mostra algumas sementes que foram plantadas e que produziram resultados proporcionais à forma como foram plantadas.

As sementes plantadas à beira da estrada são aqueles projetos que foram iniciados, mas que nem sempre fazem parte do dia-a-dia da organização. São sementes que foram apenas jogadas na terra, mas que não encontraram profundidade para brotarem e crescerem.

No segundo caso são sementes que foram plantadas num solo rochoso, não tinham qualquer chance de crescer, e foram plantadas de qualquer forma. Quando as raízes começaram a crescer, se depararam com pedras ou rochas e não tinham para onde ir. Assim, a planta morreu, por falta de profundidade nas raízes. Grandes projetos, que num primeiro momento tinham a ver com o objetivo geral da organização, se tornaram um peso, acabaram desviando a visão do objetivo principal e não geraram os resultados esperados, por falta de profundidade.

No terceiro caso, a semente foi plantada entre os espinhos. A semente foi plantada, chegou até a ser regada, mas quando estava crescendo encontrou pela frente o espinheiro e acabou sendo sufocada. É aquilo que a organização fez, parecia que estava certo, mas no fim foi asfixiado.

Por fim, a semente que foi plantada em boa terra para crescer e fazer face ao objetivo da organização. Essa semente produziu frutos. Para entender essa

---

[1] Mateus 13.1-23 – Bíblia Sagrada – versão NVI.

parábola numa organização, vamos considerar que cada semente seja um projeto ou atividade se desenvolvendo.

Se um resumo pudesse ser feito sobre a parábola do semeador seria este: *Quem planta bem, colhe bem.* O que Jesus ensina é que aquele que sabe planejar o seu plantio e procura entender um pouco daquilo que está fazendo, terá resultados excelentes.

Os frutos de uma plantação não dependem apenas da qualidade da semente, mas de como ela é plantada. Jesus mostrou por intermédio da parábola do semeador não apenas o resultado da semeadura, mas como a semente deve ser semeada para permanecer.

O planejamento de uma organização não é diferente. Um extenso planejamento pode ser feito e sementes podem ser semeadas por todos os lados. Porém, qual delas dará frutos? Quais delas estão sendo sufocadas, ou caíram entre as pedras, ou ainda à beira da estrada? Das que caíram em terra boa, quais estão produzindo a trinta frutos por semente, sessenta frutos por semente ou cem frutos por semente?

Semear não é apenas um trabalho braçal, mas de inteligência. Para semear bem, é preciso conhecer todos os detalhes, para que a colheita seja boa. Assim é planejar numa organização. No meu livro *Planejamento estratégico*, coloquei um capítulo específico sobre esse assunto. O objetivo aqui é apenas despertar você para a necessidade de fazer um *check-up* da sua organização para que isso ajude você a planejar melhor.

OBJETIVOS, ESTRATÉGIAS E METAS

Depois que você consegue ter um panorama sobre sua organização pode partir para as definições. É hora então de definir objetivos, estratégias e metas.

A primeira coisa a entender é que, objetivos, estratégias e metas vêm exatamente nessa seqüência. Você não deve estabelecer uma meta nem uma estratégia sem ter antes um objetivo. Veja as definições e os exemplos:

Definição	Exemplo
Objetivo é algo geral e desafiador.	Desenvolver pessoas para a liderança.
Estratégia é a forma pela qual o objetivo será atingido.	Reuniões em pequenos grupos de capacitação, com material indutivo.
Meta é um alvo mensurável para alcançar o objetivo.	Capacitar 150 pessoas em 20 grupos durante um ano.

Quando você consegue estabelecer objetivos, estratégias e metas para a organização, é importante ordená-las dentro de um plano de ação seqüencial. Isso implica que você terá de estabelecer prioridades na execução dos objetivos, e avaliar os resultados constantemente para redirecionar os planos se for o caso.

Plano B

Nunca deixe de incluir no seu planejamento o "Plano B". Não entenda isso como uma declaração de fracasso do seu planejamento, mas sim como um segredo para que as coisas funcionem bem. O plano B é uma estratégia para o sucesso. Num planejamento existem muitos fatores que estarão fora do seu controle, e qualquer um deles pode falhar. Assim, quando você tem algo preparado para esse momento, você está garantindo que seu planejamento será levado com sucesso até o fim.

Você deve conhecer o ditado popular que diz "é melhor sobrar do que faltar". Assim é o plano B. Talvez você nem chegue a usá-lo, mas ele estava pronto para ser acionado. Entretanto, se você precisar de um plano B e ele não estiver pronto "não vai adiantar chorar pelo leite derramado".

Planejamento estratégico

Planejar é algo desafiador. Planejar também significa estar no topo de uma montanha e olhar para o topo da outra montanha e saber que é possível chegar lá. No entanto, para se chegar lá é preciso estratégia. Planejar também acrescenta o elemento fé. Com a fé, o planejamento se torna realidade aos seus olhos, mesmo antes de acontecer. Você crê que é possível fazer alguma coisa antes mesmo que ela exista.

Para que se possa pensar no planejamento estratégico, estão relacionados a seguir alguns passos necessários, bem como a orientação de alguns autores que têm se consagrado pelas estratégias de planejamento.

Veja o que Phillip Kotler fala sobre planejamento:

> Na área de planejamento, a organização necessita estabelecer seus objetivos. Ela não pode querer explorar todas as oportunidades, pois todas são atraentes e ela não teria recursos para isso. Para definição dos objetivos é essencial que a organização tenha definida sua missão. Na verdade, ela precisa responder à pergunta: O que é o seu negócio? A partir disso, a organização passa para o processo de definir objetivos básicos concretos. Com isso pode-se também definir estratégias.

Kotler afirma que os objetivos são a expressão do caminho que a organização pretende seguir; a estratégia é o projeto final para se chegar lá. A estratégia é um plano de batalha.

Chegando a hora de elaborar os planos, é importante estabelecer as metas para cada área da organização. É fundamental também desenvolver um orçamento global para que a organização não se perca em relação às suas possibilidades e potencialidades.

Finalmente, chega-se à implementação e controle. De acordo com Peter Druker, um plano não é nada, "a menos que ele se transforme em trabalho". Uma das maiores tarefas dos administradores, além de planejar, supervisionar e realizar, é controlar. É preciso controlar não apenas a lucratividade, mas a estratégia como um todo. E mais importante do que ter relatórios de acompanhamento é tomar atitudes certas nas horas certas para corrigir rumos errados. Cerca de 50% dos planos ou mais morrem exatamente aqui. Alguns não sabem exercer a função controle, e outros que a exercem, não sabem o que fazer na hora em que as coisas estão dando errado.

Veja o que Marcos Cobra fala sobre planejamento estratégico:

Não adianta ter consciência de que o planejamento é importante. É preciso vivê-lo diariamente. Para que isso aconteça, é indispensável um planejamento estratégico. Sem isso, o que vai acontecer são apenas ações soltas e "loucas" para tentar fazer que a organização não morra.

Se você quer que sua organização cresça, comece por um bom planejamento. Dois filósofos gregos ensinam o seguinte:

Sófocles: "O homem sábio antecipa o que o futuro lhe trará, observando as experiências do passado".

Péricles: "O que eu temo não é a estratégia do inimigo, mas os nossos erros".

A partir dessas definições, pode-se elaborar um roteiro para a elaboração de um planejamento estratégico da seguinte forma:

1. Considere fatos
2. Relacione problemas e oportunidades
3. Avalie o cenário do meio
4. Estabeleça objetivos, estratégias e metas
5. Crie alternativas estratégicas
6. Faça previsão de crescimento
7. Elabore o orçamento
8. Estude os recursos e pessoas disponíveis
9. Faça um demonstrativo financeiro prático
10. Implante o plano
11. Crie métodos de controle
12. Faça atualizações

DICAS

- Com planejamento pode-se fazer muita coisa sem dinheiro.
- Para bons projetos sempre existirão recursos financeiros.
- O resultado do seu trabalho sempre será proporcional ao esforço dedicado a ele.
- Não decida nada sem ter ouvido pelo menos mais uma pessoa.
- Nunca trabalhe a esmo. Tenha sempre um projeto.
- Procure saber as necessidades antes de propor alguma coisa.
- Não pare o trabalho por falta de dinheiro. O dinheiro está no bolso das pessoas e na cabeça da pessoa que planeja.

A fé ultrapassando os limites do planejamento

Fé sem ação é sonho
Planejamento sem fé não sobrevive
Planejamento e fé podem revolucionar o mundo

Roteiro para planejamento

Organização:
Plano estratégico para o período:
Data ___/___/___

Depois que você definir missão e objetivos, precisa estabelecer os planos de ação para a organização. A seguir você tem um roteiro para ajudar na elaboração de um plano de ação.

Observe os itens a seguir para redigir seu plano. Caso algum item não seja necessário para a sua realidade, faça adaptações. O objetivo do roteiro não é estabelecer um modelo fixo, mas dar uma direção.

1. Sumário (descrição geral do plano)
   a) A organização (missão e objetivos gerais).
   b) Qual o potencial do público que é atingido ou que se espera atingir?
   c) Qual a maior vantagem da organização no momento?
   d) Por quanto tempo essa vantagem se mantém em relação aos demais?
   e) Quais os cenários e premissas básicas do plano?
   f) Quais as estratégias e o plano de ação que serão utilizados?
   g) Estabeleça um sumário financeiro básico para o plano.

2. Atividades, programas ou serviços
Descrição detalhada de programas, atividades ou serviços que a organização oferece e estágio de desenvolvimento de cada um.

3. Plano de ação
   a) Definição do público-alvo (delimitação do público, situação do público, oportunidades, ameaças e riscos, concorrência).
   b) Competição e outras influências (competição atual e seu impacto para os projetos da organização).
   c) Estratégias de comunicação (estratégias de "venda" das idéias; atividades

ou serviços; estratégia de custo; relações públicas e promoção; análise dos canais de divulgação).

d) Pesquisas (com o público-alvo).

e) Previsão de resultado (por período, atividade ou serviço, por tipo de público).

f) Qual o suporte administrativo necessário?

4. Plano operacional

a) Como será o desenvolvimento da atividade, programa ou serviço?

b) Como será preparada a atividade, programa ou serviço? (qualidade, tecnologia).

c) Qual será o atendimento pós-atividade?

d) Existem influências externas que podem afetar os planos? (mudanças tecnológicas, público, regulamentos).

e) Faça um cronograma de execução de todo o plano (datas, atividades, prazos).

5. Gerenciamento e organização

a) Quais os principais administradores da organização? (característica dos empreendedores)

b) Qual a estrutura da organização? Desenho organizacional ou organograma.

c) Existem políticas, filosofia e estratégias já definidas no passado que serão respeitadas? Quais deixarão de existir?

6. Plano financeiro

a) Qual o custo das operações?
   - Custo da campanha inicial
   - Custo da promoção da atividade ou serviço
   - Custo dos testes
   - Plano para atingir o público
   - Pesquisas, publicidade e outras despesas promocionais

b) Despesas gerais e administrativas (salários, comissões, deslocamentos, telefone, aluguéis)

c) Sumário histórico dos dados financeiros
- Fonte de recursos – de onde virão os recursos?
- Aplicações (custo de lançamento, pesquisa e desenvolvimento, promoção, despesas legais, custos administrativos, outros custos operacionais)

d) Programa de investimentos
- Descrição/cronograma
- Benefícios
- Fontes de recursos
- Orçamento detalhado por período
- Retorno do investimento/tempo

5

Projetos & eventos – faça bem feito

Planejamento é uma descrição do que a organização espera alcançar a longo prazo. Dentro de um planejamento, uma das coisas mais comuns são projetos específicos ou eventos que contribuem para o todo.

Normalmente as organizações têm um belo planejamento de longo prazo, mas às vezes pecam na realização dos projetos ou eventos que formam o dia-a-dia.

Para que o planejamento de uma organização seja sustentável, os projetos ou eventos do dia-a-dia precisam ser bem feitos. Para isto, é preciso que haja um plano de ação concreto e bem direcionado.

PROJETOS OU EVENTOS NÃO PODEM VIRAR ATIVISMO

Para que isso não aconteça, planeje sempre um projeto ou evento antes de realizá-los. Isto pode ajudar você até mesmo a decidir se deve ou não fazer aquilo que está pensando.

PASSOS PARA PLANEJAR UM PROJETO OU EVENTO

Existem alguns passos básicos que você pode seguir para planejar um evento. Pense agora num projeto ou evento que você gostaria de realizar na sua organização, e siga o roteiro a seguir:

1. Objetivos – O que você espera que aconteça ao final desse projeto ou evento?

_____

_____

_____

2. Público – Para quem você realizará esse projeto ou evento? Público específico.

_____

_____

_____

3. Alvos mensuráveis – Relacione alvos mensuráveis. Quantas pessoas pretende alcançar? O que espera que as pessoas façam depois do projeto ou evento?

_____

_____

_____

_____

4. Estrutura – Quem vai dirigir? Qual o orçamento total? Quantas pessoas são necessárias para estruturar? Qual o local?

_____

_____

_____

_____

5. Conteúdo – Quais as ênfases do projeto ou evento? Existem pessoas convidadas para participarem do programa? Que inovações o programa terá?

_____

_____

_____

_____

Outras considerações a serem feitas

Depois dos passos básicos, repita o processo citado com os itens a seguir. Finalmente escreva o projeto, para não perder a direção. Todo projeto ou evento deve considerar:

1. **Interesse** – Qual o interesse das pessoas nesse projeto ou evento?
2. **Situação socioeconômica** – O custo é compatível com a situação financeira do público-alvo?
3. **Fase de vida dos participantes** – O que vai ser oferecido condiz com a necessidade do público-alvo?
4. **Situação cultural** – O conteúdo que será oferecido condiz com a situação cultural do público-alvo?
5. **Influência do ambiente** – Qual a origem do público-alvo e quais são seus costumes e hábitos?
6. **Necessidade dos participantes** – O que as pessoas que você quer atingir realmente precisam? O que você pretende oferecer vai ao encontro dessas necessidades?
7. **Atividade compatível com o nível das pessoas** – O lugar e as condições que serão oferecidos podem constranger os participantes?
8. **Condições climáticas e geográficas** – Qual a previsão meteorológica para a época do projeto ou evento? Quais as características do local?
9. **Local e data** – O local que será utilizado atende a todas as necessidades do projeto ou evento? Existem coisas que precisam ser adaptadas? A data é boa para trazer o público-alvo?
10. **Custos** – O custo de participação é condizente com o que será oferecido e com as condições financeiras do público-alvo?

Roteiro para planejamento de um projeto ou evento

Agora escreva o plano

Tire das respostas acima os dados para escrever o plano. Com isso você está se prevenindo para cometer o menor número possível de erros.

1. Dados gerais

Descrição curta do alvo principal, data, local, horários, detalhamento do local etc.

2. Objetivos

Descrição minuciosa e detalhada de todos os objetivos explícitos e implícitos do projeto ou evento.

3. Público-alvo

Descrição do público-alvo que se espera atingir, suas peculiaridades, faixa etária, características etc. Definição do número de participantes que se espera atingir e descrição da estratégia para alcançar o número almejado.

4. Atividades coligadas

Definição e descrição das atividades paralelas que serão desenvolvidas com o projeto ou evento principal. Pequena descrição de objetivos de cada uma delas.

5. Conteúdo/programa

Definição do tipo de conteúdo que será oferecido aos participantes. Definição da nomenclatura de cada parte do programa. Descrição detalhada de todas as partes do programa, os horários em que vão acontecer, o tipo de participação que haverá do público e dos convidados.

6. Taxas/prazos

Definição dos custos de participação e prazos de pagamento. Definição do tipo de arrecadação ou cobrança, multas, exceções etc...

7. Regulamento

Confecção, se necessário, de um regulamento operacional para o projeto ou evento, se ele for perdurar por muitos anos.

8. Calendário

Estabelecimento de um calendário do evento com todas as datas desde o planejamento até a execução. Incluir datas de reuniões etc.

9. Cronograma

Confecção de um cronograma geral de todas as atividades que precisam ser desenvolvidas para o sucesso do projeto ou evento. Descrever as atividades de cada grupo de trabalho separadamente, de cada membro da equipe coordenadora e de cada setor de atuação. Incluir as datas do calendário e os prazos essenciais que precisam ser cumpridos.

10. Equipe de trabalho

Escolha da equipe de trabalho em todas as comissões, assessorias, grupos de trabalho, coordenadores gerais ou setoriais, responsáveis de equipes ou "staffs" etc...

11. Finanças

Elaboração do orçamento do projeto ou evento, com receitas fixas e variáveis, prováveis patrocínios e despesas fixas e eventuais.

12. Logística

Definição de todos os detalhes logísticos necessários para o sucesso do projeto ou evento. Condições mínimas para realização, necessidades que precisam ser atendidas, coisas que precisam ser providenciadas etc...

13. Comunicação

Elaboração de um plano de comunicação para o projeto ou evento, envolvendo todos os tipos de promoção possíveis, conforme o público-alvo definido.

Para ler & decidir

O que mais se realiza na liderança são projetos ou eventos. Esses normalmente tendem a se tornar ativismo. Com o tempo viram um ativismo desenfreado e louco. A partir desse ponto perdem-se os objetivos dos projetos ou eventos e da própria organização. Isso não significa que uma organização não deva realizar essas atividades. Deve sim, mas todas elas com objetivos específicos e planejados.

> *Atividade não é ativismo com maquiagem.*
> *Atividade é coisa séria e bem*
> *planejada visando a atingir os*
> *objetivos específicos e planejados.*

Alguns segredos para que os projetos e eventos obtenham sucesso são os seguintes:

1. Objetivos – O quê?

O que se espera que aconteça ao final do projeto ou atividade. O que deve ter mudado na vida das pessoas que participaram. Que tipo de crescimento se espera atingir realizando esse tipo de projeto ou evento. Essas e outras perguntas ajudam a estabelecer os objetivos.

2. Público-alvo – Para quem?

Para quem será realizado o projeto ou evento? Que tipo de público se espera alcançar? Definir, se possível, a faixa etária ou a fase de vida em que as pessoas estão vivendo, seus interesses e necessidades, seus costumes, renda, estado civil, e assim por diante. Quanto mais definido o público que se pretende atingir, maior será o sucesso do projeto ou evento.

3. Alvos mensuráveis – Quanto?

Quanto de resultado se espera atingir com esse projeto ou evento? Quais são os alvos mensuráveis? Quantas pessoas se pretende alcançar? De quantas cidades? O que se espera que essas pessoas façam depois que retornarem a suas cidades?

4. Estrutura organizacional – Como?

Como realizar o projeto ou evento? Quem vai dirigir? Qual é o orçamento? Qual é a estrutura logística? Quantas pessoas são necessárias para a estruturação e quais as suas funções?

5. Conteúdo – Com quê?

Que tipo de conteúdo vai ser transmitido? Quais serão as ênfases? Quem serão os convidados envolvidos no conteúdo? Qual a sistemática do programa? Quais as inovações que serão introduzidas e como?

O PLANEJAMENTO DO PROJETO OU EVENTO DEVE CONSIDERAR

1. Interesse

Para considerar o interesse dos participantes é preciso responder pelo menos às seguintes perguntas:

Qual é o nível das pessoas que irão participar? Que tipo de reação se espera dos participantes? Qual será a metodologia para medir se os objetivos foram alcançados?

2. Situação socioeconômica

Perguntas para analisar a situação socioeconômica:

Qual é a situação socioeconômica daqueles a quem se objetiva atingir com esse projeto ou evento? O custo total de participação do projeto ou evento é compatível com a situação financeira do público-alvo? O local em que será realizado o evento tem o mesmo nível social dos participantes?

3. Fase de vida dos participantes

Não adianta querer reunir todos os segmentos, para um evento onde serão tratados assuntos específicos, pois alguns deles não aproveitarão nada.

Assim é preciso considerar:

Qual é a fase de vida que os participantes estão vivendo? Quais são suas principais necessidades? Que nível de maturidade eles atingiram?

4. Situação cultural

Você pode falar bem simples para pessoas cultas e elas entenderão, desde que haja conteúdo. Mas se você falar de forma complexa e difícil para pessoas sem nenhuma escolaridade, elas sairão sem entender nada. O nível cultural das pessoas influi na realização de um projeto ou evento. Conforme a situação cultural detectada em seu público, isso influirá na definição do conteúdo e da programação.

5. Influência do ambiente

Finalmente, é preciso considerar também a influência do ambiente em que as pessoas vivem. Aqueles que vivem numa grande cidade têm determinado tipo de comportamento. Aqueles que vivem em vilarejos e pequenas cidades têm outro tipo de atitude. Aqueles que vivem em subúrbios e comunidades desfavorecidas terão outro tipo de reação. Tudo isso precisa ser levado em consideração na preparação de um projeto ou evento. A influência do ambiente em que as pessoas vivem vai refletir nos resultados, na própria facilidade ou não de administrar o projeto ou evento, e nos objetivos que se esperam alcançar.

CONDIÇÕES BÁSICAS PARA PLANEJAR UM PROJETO OU EVENTO

1. Necessidade dos participantes

Quase sempre se planejam projetos ou eventos, desejando que o maior número possível de pessoas participe. O número de participantes está diretamente associado ao atendimento das necessidades dessas pessoas.

O número de participantes de um projeto ou evento deve ser proporcional às necessidades das pessoas que o público atenderá. Não adianta promover um seminário sobre "A influência do Renascentismo na estrutura da sociedade pós-moderna" e querer lotar um ginásio, se esse assunto não atende à necessidade de um número tão grande de pessoas.

Aprenda um segredo: não adianta realizar projetos ou eventos
porque eles estão no calendário da organização.
Pergunte se o projeto ou evento atende à necessidade das pessoas.
Se não atende, tenha coragem e cancele.

2. Atividades compatíveis com o nível das pessoas

Não programe um projeto ou evento "cinco estrelas" se o seu público-alvo não tem condições para isso. No entanto, também não baixe o nível do seu projeto ou evento, se as pessoas têm condições de pagar um custo mais alto. O segredo desse ponto é: as pessoas têm dinheiro e valorizam aquilo que é bom e bem feito.

3. Condições climáticas e geográficas

Muitos líderes planejam eventos para a época de chuva ou projetos em cidades onde falta água. Nesse caso não é questão nem de ter um plano B. É o caso de considerar seriamente as condições climáticas e geográficas para o projeto ou evento.

4. Local e data

O local e a data são as definições preliminares que podem definir o sucesso ou fracasso de um projeto ou evento.

5. Custos

O custo final de um projeto ou evento para os participantes precisa ter o equilíbrio entre aquilo que as pessoas podem pagar e o valor agregado. É preciso lembrar que quando se baixa demais o custo de participação de um evento, normalmente a qualidade também cairá. Era costume dos mais antigos dizer que economia é sinônimo de porcaria.

CLIMA PSICOLÓGICO DE UM PROJETO OU EVENTO

1. Criar a necessidade

Ninguém compra uma garrafa com um líquido dentro, sem que do lado de fora exista um rótulo com o nome de um produto conhecido, um refrigerante, por exemplo. A propaganda criou essa necessidade em você. Se você quiser pode viver o restante da sua vida sem beber o refrigerante. Mas já existe algo latente lá dentro de você que manda beber aquela marca, ou outra bebida que você prefira.

Às vezes os líderes conseguem enxergar necessidades que as pessoas têm e que precisam ser satisfeitas. Talvez elas mesmas não observam que têm essas necessidades, mas elas estão lá. É preciso fazer que essas necessidades sejam descobertas na mente das pessoas, e assim elas possam reagir a determinados projetos ou eventos que serão promovidos.

2. Provocar estímulo

Para que uma necessidade seja descoberta na mente de alguém, essa pessoa precisa de estímulos. Ninguém toma remédio porque quer ou gosta. A necessidade de livrar-se de uma dor e o estímulo de saber que tudo voltará ao normal em seu corpo fazem que a pessoa se submeta a um remédio.

3. Criar expectativas

O estímulo se cria com expectativas. Pode-se divulgar parcialmente quem participará do projeto ou evento, ou divulgar detalhes que causem curiosidade nos possíveis participantes.

4. Projetos ou eventos precisam satisfazer as expectativas

Não se pode criar uma falsa expectativa, senão o projeto ou evento fracassa. Você precisa conseguir oferecer mais do que as pessoas esperavam. Quando você está criando as expectativas, e sente que a temperatura já está bem alta, é hora de verificar se o que você preparou para oferecer vai corresponder àquilo que você vendeu. As pessoas precisam sempre sair sentindo que valeu a pena ter participado, que aquilo que elas pagaram foi barato em relação ao que foi oferecido e que a vida delas recebeu impacto com o conteúdo oferecido.

A pior coisa que existe é criar uma expectativa grande e não ter como satisfazê-la. Um segredo já descoberto por muitos: Só prometa aquilo que você pode cumprir.

5. Aproveitar os resultados

Um projeto ou evento não deve acabar no fim. É preciso que se enfatize que os maiores resultados virão a partir do encerramento. Muitos projetos ou eventos são esquecidos porque não planejam o aproveitamento dos resultados futuros. Sei que é muito difícil medir resultados nesse caso, mas isso não é de todo impossível. Sempre haverá uma forma de medir resultados, é só querer.

6. Sair do "mesmismo"

Um grande segredo de um líder é ser inconformado. Um projeto ou evento pode ter sido ótimo. Isso não é garantia de que se tudo for repetido no próximo será um sucesso outra vez. Para sair do mesmismo é preciso perguntar: "De que forma posso fazer isto diferente na próxima vez?"

7. Inovação

Para sair do mesmismo é preciso inovar. Para inovar é preciso ter muitas cabeças pensantes trabalhando. Se você como líder não consegue criar algo novo, lembre-se de que sempre haverá alguém por perto com essa capacidade. É impossível a um líder pensar numa grande estrutura de projeto ou evento, coordenar tudo, administrar o dinheiro, tomar todas as providências e ainda conseguir elaborar um bom conteúdo. Alguma coisa sairá prejudicada. Assim, assessore-se e traga para perto de você gente mais capaz e mais criativa que você.

Todo projeto ou evento precisa levar as pessoas
a praticarem aquilo que aprenderam,
dentro da realidade em que vivem.

6

Motivação

APRENDA A MOTIVAR CONHECENDO A DESMOTIVAÇÃO

Para saber motivar as pessoas é preciso saber o que as desmotiva. A desmotivação normalmente tem seis fases. Faça uma análise da sua equipe, e descubra em que ponto você pode motivá-la.

Fase 1 – A confusão

Os seus liderados sabem o que eles estão fazendo na sua organização? Qual o papel deles lá?

_____

_____

RECOMENDAÇÃO – Definir objetivos individuais. Esclarecer o papel de cada um.

Fase 2 – A raiva

Falta vontade de trabalhar nos seus liderados? Eles se sentem fracassados ou desapontados? Com o que?

_____

_____

RECOMENDAÇÃO – Conversar com a pessoa e colocá-la num lugar útil.

Fase 3 – A esperança subconsciente

A participação dos seus liderados é medíocre? Eles disparam flechas de raiva contra você?

_____

_____

RECOMENDAÇÃO – Sentar para conversar e identificar os problemas e soluções.

Fase 4 – A desilusão

O seu pessoal está com a auto-estima atingida? Eles estão querendo deixar a organização?

_____

_____

RECOMENDAÇÃO – Assumir que há problemas, e pedir para o pessoal reavaliar a posição e participação de cada um.

Fase 5 – A falta de cooperação

O seu pessoal diz sempre "Isto não é minha obrigação"? "Estou muito ocupado e não poderei ajudar"? O nível de participação está baixo demais?

_____

_____

RECOMENDAÇÃO – Transparência. Se for o caso, redefinir até o papel da organização.

Motivação • 75

Fase 6 – A partida

O seu pessoal está presente fisicamente, mas ausente psicologicamente? Ou muitos estão partindo mesmo?

_____

_____

RECOMENDAÇÃO – Assumir sua responsabilidade. Não deixar chegar ao caos. Deixar partir aqueles casos perdidos e revigorar os demais com um trabalho conjunto.

IDÉIAS PARA MOTIVAÇÃO

Que posso fazer para motivar minha equipe?

1._____
2._____
3._____
4._____
5._____

Para ler & decidir

Para falar de motivação há necessidade em primeiro lugar de se falar em *desmotivação*. O maior problema dos líderes e sua organização não é a motivação propriamente, mas a falta dela. É a desmotivação que emperra ou até mata uma organização. É importante entender como ela surge e de onde ela vem.

> *A palavra "motivação" deriva do latim movere,*
> *mover, e indica um estado psicológico*
> *caracterizado por elevado grau*
> *de "disposição ou vontade*
> *de realizar uma meta".*

Não basta apenas encontrar fórmulas milagrosas para motivar as pessoas, se não se tratar as verdadeiras causas desse mal. Se a desmotivação for tratada apenas com paliativos, o líder se sentirá sempre empurrando um trem com muitos vagões, mas com o freio de mão puxado.

Conheça um pouco a desmotivação

Nem sempre o líder de uma organização, que está inserida num contexto maior, é o culpado pela ausência de motivação, como sempre se supõe. Mary C. Meyer afirma que "a força de uma estrutura interna em si pode fazer emergir essa situação". Uma organização pode até estar indo bem, mas recebendo a desmotivação da estrutura maior com problemas. Assim, os bons resultados internos serão engolidos pelos maus resultados externos.

Todavia, as pessoas podem chegar motivadas ou desmotivadas para uma reunião, independentemente do que será oferecido ali, ou daquilo que terão de contribuir.

Meyer afirma ainda que "o primeiro erro de julgamento ocorre quando 'nós' presumimos conhecer aquelas coisas que motivam as pessoas e então oferecemos uma resposta a partir dessa identificação superficial". Isso repercute principalmente nos planos de longo prazo das organizações, que prevêem tudo, menos o estado de espírito das pessoas que serão as peças chave para a concretização dos planos.

Normalmente, os líderes que não dão atenção para essas questões, trabalham *empurrando, puxando, estimulando, prometendo e perseguindo* para fazer a organização crescer. Muitos fatores levam à perda da motivação. Esses fatores são de ordem individual e organizacional, e incluem:

- Falta de *feedback* construtivo.
- Comportamento inconsistente por parte daqueles que diretamente afetam o sucesso.
- Falta de sensibilidade às necessidades do indivíduo.
- Negação de informações suficientes.
- Falta de apoio comportamental e psicológico.
- Intromissão no espaço de trabalho do outro.

Herzberg defende a teoria dos dois fatores num contrato psicológico. Ele se referia a um contrato de trabalho entre um empregado e uma empresa. No entanto, podemos adaptar essa teoria para organizações em geral. A teoria prevê que quando existe um contrato psicológico entre uma pessoa e uma organização, existem os fatores de higiene e os fatores de motivação.

Os fatores de higiene incluem benefícios que a pessoa receberá por estar naquela organização, atendimento de necessidades básicas e condições ambientais que desfrutará. Os fatores de motivação são responsabilidade, reconhecimento, oportunidade de realização e êxito, que acabam se tornando em fatores de desmotivação. A implementação desses fatores não implica necessariamente investimentos financeiros, mas em mudanças de atitude, que vão gerar "lucros" e benefícios para a organização. Normalmente os fatores de higiene são enfatizados muito mais do que os fatores de motivação.

	Quando ausentes...	**Quando presentes...**
Fatores higiênicos	Deixam a pessoa insatisfeita, embora não necessariamente desmotivada.	Deixam a pessoa satisfeita, embora não necessariamente motivada.
Fatores motivacionais	Podem desmotivar, embora a pessoa possa estar satisfeita.	Podem induzir elevados níveis de motivação.

Os líderes querem criar um ambiente agradável para as pessoas, preocupam-se em que elas estejam bem e tenham suas necessidades básicas atendidas, e até chegam a oferecer benefícios. Todo o seu esforço e desprendimento são gastos nesses itens que não sobra gás para se chegar a pensar nos fatores de motivação. Daí, atribui-se aos liderados a falta de motivação para com a organização e a culpa pelo fracasso.

O PROCESSO DE DESMOTIVAÇÃO

Mary C. Meyer examina a desmotivação, passo a passo, como um processo de seis fases dentro do qual é traçada a evolução da atitude do liderado frente à organização e sua participação.

Fase 1 – a confusão – Esta fase normalmente acontece com alguém que se transfere para uma nova organização. Daí, então, ele se pergunta: "O que está me acontecendo?" Toda pessoa gosta de pensar que ela pode fazer uma contribuição e ser importante ao sucesso da organização.

Para as pessoas novas numa organização, o esclarecimento feito a tempo e o oferecimento de fatores de motivação interrompem o processo de desmotivação, oferecendo possibilidades de sucesso para a organização e para as pessoas. Se essa ação não for tomada durante esse estágio de confusão, a pessoa rapidamente atingirá a fase dois.

Fase 2 – a raiva – Nesta fase existe um confronto entre o que fazer na organização, a falta de informações e a vontade de trabalhar. O novo integrante da

MOTIVAÇÃO • 79

organização se vê como um fracasso na sua nova posição e está naturalmente desapontado. Isso provoca um sentimento de raiva contra si mesmo. Nesse ponto o líder pode reverter o processo de desmotivação, chamando a pessoa e conversando com ela. Deve oferecer-lhe todas as respostas e informações que procura, orientar sua rota na organização, e colocar a pessoa num lugar onde ela possa realmente ser útil e trabalhar com vontade.

Fase 3 – a esperança subconsciente – A pessoa agora está perdendo rapidamente a motivação. Ela sente que o líder, pelo fato de não fazer nada para melhorar a situação, a abandonou. Por conseguinte, a raiva disparada sobre si mesma (fase dois) é redirecionada sobre o líder. Ela se torna defensiva e seu estresse é internalizado. A participação da pessoa permanece normal, isto é, medíocre, uma vez que ela nunca teve a oportunidade de atingir a sua plena capacidade.

Nessa fase alguns líderes simplesmente ignoram a pessoa, e talvez até passem a reclamar dela para outros. A ação reparadora correta seria sentar-se, e com a mente aberta identificar os problemas com os quais se defronta a pessoa. Caso isso não aconteça, a pessoa entrará na quarta fase de desmotivação.

Fase 4 – a desilusão – É lógico que a nova pessoa se tornará desiludida se até esse momento nenhuma medida for tomada, ou nenhuma atenção tiver sido dada à sua situação. Nessa etapa é atingida a auto-estima da pessoa, o nível de energia e o seu sistema de valores reais. A partir daí, a pessoa estará pronta para falar de sua desilusão e deixar a organização. O líder deve assumir a postura do "eu tenho um problema" e solicitar a ajuda da pessoa na sua solução. O líder deve tentar fazer que a pessoa reavalie sua posição.

Caso isso não aconteça, essa organização não está aberta ao diálogo livre e colherá os frutos dessa imperícia. Dessa forma, o líder precisa se empenhar quanto a essa abertura de comunicação, caso ele queira reaver essa pessoa, e manter as demais motivadas.

Fase 5 – a falta de cooperação – Essa fase é identificada na pessoa, com o passar do tempo, através das seguintes características: "isto não é minha obrigação", "estou muito ocupado", "estou com muito trabalho e não poderei ajudar". A participação, agora, chega ao seu nível mínimo de aceitação.

Essa situação deve ser tratada diretamente pelo líder, para que uma solução seja encontrada. Deve haver transparência no trato do assunto, ou redefinindo a posição da pessoa em relação à organização ou estimulando a pessoa a participar de outra organização onde ela se sinta bem e seja útil. O importante é que se leve a pessoa a participar de alguma forma, nessa organização ou em outra. Uma solução insatisfatória fará que a pessoa caminhe para o estágio final da desmotivação.

Fase 6 – a partida – A partida não significa necessariamente ir embora fisicamente, pode significar ausência psicológica. Isso depende da automotivação de cada indivíduo. Aqueles que conhecem sua capacidade de trabalho logo procurarão outra organização onde se sintam melhor. Aqueles que não têm essa capacidade se tornarão verdadeiros mortos na organização.

O líder deve ter um plano para esses casos. É preciso assumir o controle da situação, aceitando a sua parte de responsabilidade. Se chegar a um caso extremo em que não há possibilidade de convívio da pessoa na organização, a melhor solução é mostrar para a pessoa a necessidade de ela se transferir para outra organização em que vá se sentir bem e produzir. É preciso ter em mente que organizações só progridem com recursos humanos capacitados e bem ajustados aos seus objetivos.

Uma organização pode ter um batalhão de pessoas arroladas. Se todas elas estiverem desmotivadas, essa organização pode falir e ninguém sentirá falta. O líder pode atuar em qualquer uma das fases no sentido de reverter o processo de desmotivação. A competência que demonstrar definirá os rumos da organização e da participação das pessoas. É preciso frisar que motivação e desmotivação são um processo que envolvem essencialmente o relacionamento do líder com seus liderados. É como se o líder estivesse de um lado da balança e os liderados do outro. Na medida em que a balança se equilibra, os dois lados estão satisfeitos. Na medida em que um lado pesa mais que o outro alguém estará desmotivado, sem que o outro lado esteja necessariamente motivado.

Estudo de caso

A organização *Resgatando Crianças* realizou um grande evento de arrecadação de fundos para seus projetos, na cidade de São Paulo, em 2002. Participaram cerca de três mil pessoas de todo o Brasil. Num período de seis meses, a organização *Resgatando Crianças* conseguiu convencer líderes estaduais a formarem caravanas e levarem para o evento um grande número de pessoas.

O evento foi um sucesso. Durante o evento, todos os participantes pediram que a *Resgatando Crianças* repetisse o encontro anualmente. A programação de três dias teve muito esporte, lazer, música e festivais. Para esse encontro, a *Resgatando Crianças* não ofereceu qualquer estímulo aos líderes, apenas os desafiou a trazerem suas caravanas para um evento inédito.

Devido ao sucesso, a *Resgatando Crianças* decidiu repetir o evento a cada três anos, por causa do alto grau de complexidade para organizá-lo. Marcou o próximo evento para 2005, e começou a divulgá-lo. Nesse período, a liderança das organizações parceiras nos Estados mudou completamente.

Cerca de quarenta dias antes do evento de 2005, a *Resgatando Crianças* foi obrigada a cancelar o evento, pois só havia conseguido cerca de 150 inscritos. Apesar de uma ampla divulgação do evento, a maioria dos líderes alegava falta de dinheiro, dificuldades operacionais em deslocar tanta gente, e falta de adesão por parte das pessoas.

A imagem da *Resgatando Crianças* ficou comprometida com esse episódio, e esse tipo de evento não foi mais realizado.

Questões para debate:
O que deu errado?

Por que os líderes não se deixaram motivar pelo novo evento?

Qual deveria ter sido o estímulo oferecido, para conseguir repetir o evento novamente?

É possível realizar sempre o mesmo tipo de evento com o mesmo sucesso?

7

Envolvendo sua equipe

"Já esgotei toda a minha criatividade! E agora?"

"Como posso criar um ambiente propício para o trabalho em equipe e o surgimento de novas idéias?"

"Como posso tornar a minha equipe um grupo unido e criativo?"

Com perguntas desse tipo, David Merkh começa seu livro *101 Idéias criativas para grupos pequenos.* Ele ainda afirma que essas e outras perguntas semelhantes perturbam o líder de uma organização, o facilitador de um grupo pequeno, o coordenador de um departamento.

Merkh diz que todos temos potencial para sermos criativos, até mesmo aquela pessoa que afirma não ter sequer uma gota de criatividade. Todos têm a capacidade de criar, o que falta, muitas vezes, são idéias para estimular a criatividade.

Ele afirma também que nem sempre os líderes têm um conceito correto de "criatividade". Contrário à opinião popular, ele diz que criatividade não significa dar à luz algo inédito. O rei Salomão já dizia que "não há nada novo debaixo do sol". Um professor afirmou certa vez que "criatividade é a arte de esconder suas fontes". Em certo sentido, ele tinha razão, pois muito do que se passa por "criativo" na atualidade nada mais é do que uma combinação nova de fatos antigos.

Merkh define "criatividade" como sendo "a arte de gerar idéias novas a partir de conhecimento e experiência prévios". Ele também fala que precisamos de criatividade para combater a mediocridade e o tradicionalismo que podem facilmente tomar conta de qualquer atividade.

Além disso, idéias criativas podem gerar um ambiente adequado para a unidade de uma equipe e o dinamismo da organização.

Dinâmica de grupo

A criatividade precisa estar associada a uma técnica para que os objetivos sejam atingidos. Você pode ser criativo, mas não conseguir atingir exatamente o ponto almejado por falta de uma técnica. Assim, a dinâmica de grupo é uma das formas que você pode utilizar para fazer fluir toda a sua criatividade.

Por intermédio de dinâmica, você pode envolver sua equipe com os objetivos que quer alcançar. Além disso, você levará as pessoas a participarem e se envolverem com aquilo que está sendo planejado. A fixação será muito maior.

Trabalhar em grupo tira o egoísmo e aumenta capacidades efetivas. A execução dos planos de uma organização vai depender da qualidade de envolvimento que o líder está proporcionando para a equipe. Pode-se levar uma equipe a comprar uma idéia por intermédio da imposição ou da aprendizagem experimental. Essa última é utilizada pela dinâmica de grupo para envolver as pessoas sobre qualquer assunto.

Para que a dinâmica de grupo aconteça, é preciso que você admita que:

- O envolvimento verdadeiro e significativo de uma equipe existe.
- Há outra possibilidade de envolvimento de uma equipe, além de simplesmente falar e falar numa reunião.
- O líder assume um compromisso de confiança na equipe.
- O líder deve aproveitar cada oportunidade e se adaptar às exigências da situação real.
- O líder deve "parar" de ensinar como dono da verdade para poder "envolver".
- A solução real dos problemas se encontra no grupo e não na imposição do líder.
- O líder cria um clima de liberdade para relacionamento interpessoal.

A APLICAÇÃO DA DINÂMICA DE GRUPO

A aplicação da dinâmica de grupo implica um relacionamento entre as pessoas e principalmente do líder com as pessoas. Isso depende de:

- Aceitar que toda pessoa tem experiências que merecem ser transmitidas.
- A mais grave dominação é aquela que anula a participação do indivíduo.
- A experiência cultural é um bem comunitário.
- A hierarquia e o princípio de autoridade são processos de organização e não de relacionamento entre as pessoas.
- À medida que as pessoas amadurecem, tendem a repelir a relação comandante/comandado e exigem flexibilidade e reciprocidade no processo de liderança.
- A discussão é uma reflexão falada e a reflexão é uma discussão pensada (Piaget).

O FACILITADOR (LÍDER)

Para que a dinâmica aconteça de forma a envolver todos num relacionamento agradável e descontraído, a figura do facilitador é essencial. O líder deve atentar para determinadas características.

Qualidades do bom facilitador
☺ Autenticidade
☺ Apreço, aceitação e confiança
☺ Compreensão empática
☺ Não avaliação, mas aceitação

Características básicas do facilitador
☺ Coragem
☺ Disposição em modelar a conduta correta

86 • VIDA DE LÍDER

☺ Presença
☺ Boa vontade
☺ Convicção
☺ Aberto e transparente
☺ Lidar com ataques à sua pessoa

O maior valor do líder se encontra mais nas suas capacidades do que nas suas características pessoais.

PRINCÍPIOS PARA A DINÂMICA DE GRUPO

No desenvolvimento da dinâmica de grupo, você deve observar alguns princípios essenciais na sua preparação e desenvolvimento. Não pense que fazer atividades dinâmicas e criativas é fácil. A coisa mais fácil que existe é chegar lá na frente, mesmo sem ter se preparado, e falar 30 ou 40 minutos sobre um projeto ou objetivo. Esse também é o método em que normalmente as pessoas menos aprendem.

Na dinâmica de grupo há necessidade de se preparar bem para que o objetivo seja alcançado, e também para não passar vergonha frente aos liderados.

David Merkh oferece os "mandamentos" para dirigir uma atividade criativa, e diz que essas atividades não são uma fórmula mágica para ressuscitar um grupo morto. Veja as diretrizes:

- **Prepare-se bem**. Verifique se o local é adequado e se o *material necessário* está disponível, conforme especificado para cada atividade. Prepare com atenção o *procedimento* e estude com antecedência as regras e/ou princípios das idéias que pretende usar.
- **Adapte** as idéias à sua realidade. Se você está usando idéias de um livro faça que elas se apliquem à sua realidade.
- **Seja um líder entusiasmado** ao conduzir a atividade. Sem dúvida alguma, o líder é a chave de toda idéia bem-sucedida. Às vezes, o programa mais "absurdo" alcança bom êxito simplesmente porque o líder contagiou os demais com o seu ânimo.

- **Tenha coragem** de experimentar idéias novas e "vender seu peixe". No entanto, lembre-se de que você nunca vai agradar a todos.
- **Seja sensível** às reações do grupo. Saiba quebrar as tradições. Uma coisa é ter "casca dura" diante das críticas injustas de uma pessoa; outra é não prestar atenção ao retorno que as pessoas do grupo estão lhe dando. Faça uma avaliação após cada atividade e verifique o que funcionou bem, o que poderia ter sido melhor e o que não funcionou.
- **Seja justo** quando uma dinâmica tiver regras e premiação.
- **Seja flexível.** Não deixe que a dinâmica se torne cansativa. É melhor encerrar uma atividade quando todos ainda estão pedindo mais, do que prolongá-la até que todos estejam reclamando que foi demais!
- **Não faça da dinâmica algo mais importante do que as pessoas.** A dinâmica existe em função das pessoas e não vice-versa. Se uma atividade despertar uma nova necessidade no grupo, ou criar um ambiente propício para apresentar um novo projeto ou idéia, não hesite em interrompê-la – você acaba de alcançar o seu propósito.

UMA DIFERENÇA IMPORTANTE

Perceba no quadro a seguir as diferenças entre uma reunião de equipe sem dinâmica e outra com aplicações práticas da mensagem através de dinâmicas.

Quando você usa o recurso da dinâmica de grupo para envolver sua equipe em idéias, projetos, planejamento ou mesmo solução de problemas, sua organização vai mais longe. De outro lado, você estará melhor assessorado.

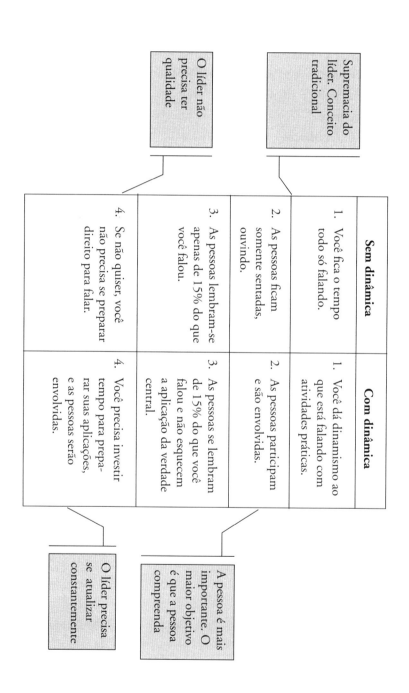

8

Líder de visão

*A grande tragédia da liderança de conveniências é que você
pode ser um líder insignificante e não se sentir culpado*

Tudo começou após um grande congresso que organizei para cerca de dez mil pessoas. Depois de promover esse evento, que teve um impacto extraordinário na vida dos participantes, comecei a sentir inquietação. Não sabia exatamente o que era. Num primeiro momento cheguei a pensar que deveria sair da organização em que estava para outra.

Naturalmente, surgiram alguns convites para atuar em outras organizações. Os seis meses seguintes foram de crise e decisão. Percebi que deveria continuar um pouco mais onde estava. Foi aí que começou a se formar em mim uma visão de futuro. Entretanto, havia um misto de duas coisas acontecendo. Uma visão de futuro que desabrochava e a percepção de uma porção de coisas que precisava ajustar em minha vida para concretizar a visão.

Confesso que tive muitas dificuldades em conseguir entender que estava acontecendo. Descobri então que antes de ter uma clareza total da visão, primeiro eu precisava consertar algumas coisas em minha vida e também na organização em que estava.

Inicialmente vi que eu estava numa posição de liderança, mas não tinha fé suficiente para enxergar o futuro que não existia e trabalhar para que ele existisse. Eu acreditava apenas na limitação da conta bancária pessoal, e na conta bancária da organização. Percebi que líderes como eu não faziam as coisas acontecerem, mas esperavam que elas acontecessem.

Depois percebi muitas "pequenas coisas" que precisavam ser arrumadas. São aquelas coisinhas que todo mundo faz e ninguém vai dizer que você está fazendo errado, porque todo mundo está no mesmo barco. Isso não reflete um padrão de liderança elevado, mas apenas viver como todos os outros. Comecei a escrever, como fruto do meu tempo de meditação, uma lista de coisas que precisava consertar. Alguns itens da lista eram "coisas pequenas", como tirar do meu computador alguns programas piratas que usava, por mais insignificantes que fossem. Como eu poderia desejar viver um padrão elevado de liderança, e concretizar uma visão de futuro que causasse impacto na vida de muitas pessoas, com algumas áreas da minha integridade corrompidas?

Depois de começar a consertar todas essas pequenas coisas, a visão de futuro que estava desabrochando em mim surgiu totalmente.

Tendo entendido a visão, passei a me perguntar, como ela deveria ser executada. Como parte das primeiras respostas, percebi que visões de alto impacto somente são executadas por líderes que têm um caráter lapidado para isso. Se o seu caráter é falho em pontos cruciais da vida, como grandes projetos poderão ser confiados a você?

Antes de iniciar a execução da visão, houve um processo de ajustes profundos em minha vida. A visão é conseqüência da missão, e dá cor e sabor para a vida de um líder. O que vou relatar agora pode parecer coincidência para você, mas não foi. Nessa época morávamos numa casa alugada. A dona da casa havia morrido, e suas duas filhas estavam no processo de inventário. A casa era bem grande e alguns cômodos precisavam de pintura.

Num belo dia, levantei inspirado e resolvi pintar um quartinho da casa. Na preparação para a pintura, resolvi retirar todas as tomadas, e quando estava retirando a última, encontrei escondido um saquinho de jóias, com três anéis. Depois de mandar avaliar, descobri que valiam cerca de vinte mil dólares na época.

Não conseguia reunir as duas irmãs que eram proprietárias, para falar sobre o assunto e saber se aquilo era delas. Somente consegui fazer isso dois meses depois do achado. Nesse meio tempo, ouvi todo tipo de conselhos de outros amigos líderes. "Fique com isto, ninguém vai saber"; "Devolva somente um dos anéis e fique com os outros dois de maior valor"; "Venda os anéis e invista em projetos na sua organização. Este é um capital de giro com o qual você foi agraciado"; "Compre a casa, pois quando se compra um imóvel tudo que existe dentro dele é seu".

Um belo dia consegui reunir as duas irmãs. Mostrei-lhes os anéis sem dizer do que se tratava, e uma delas disse com sinal de espanto que eram os anéis de uma coleção que sua mãe tinha e que estavam desaparecidos havia bastante tempo. Depois, explicou que, no final da vida, sua mãe tinha costume de esconder suas coisas com medo que os outros roubassem e isso aconteceu com esses anéis. Fiz a devolução e não recebi nada de recompensa, e não estou me lamentando por isso.

Quando saí do local onde nos encontramos para a devolução, tive dois sentimentos:

1. Eu me sentia o homem mais leve do mundo, por saber que tinha feito a coisa certa.
2. Sentia que meu caráter valia mais que vinte mil dólares, e que se alguma coisa maior fosse confiada a mim eu poderia honrá-la.

Todavia, tive também uma percepção. Em alguns momentos em que os meus amigos líderes me aconselharam a não devolver os anéis, eu me senti tentado a isso. Nesse momento eu pude perceber que o sentimento bom que fluía do meu caráter por ter vencido uma prova de fogo era conseqüência de uma vitória sobre a tentação de querer fazer o que todos fariam.

Não me julgo o melhor líder do mundo por isso, mas o fato é que muitos dos que me aconselharam a fazer a coisa errada naufragaram no meio do caminho e hoje não são líderes de nada. Lamento por eles, mas me alegro no fato de ter podido aprender que o fortalecimento do caráter precede a realização de uma visão de futuro.

Acabei saindo da organização onde estava e somente alguns anos depois é que pude iniciar a concretização daquela visão de futuro. Aprendi com isso que uma visão não é construída apenas sobre organizações fortes, mas sobre a vida de líderes que têm um caráter forte. Encontrei ao longo do caminho outras pessoas que passaram por experiências similares e que entenderam o que significa ser um líder de visão.

Alguns pensamentos sobre visão que inspiram são:

- "Toda visão sem ação não passa de sonho. Toda ação sem visão é utopia. Porém, uma visão, com ação, pode mudar o mundo." – George Barna
- "Se sua visão é para um ano, plante trigo. Se sua visão é para uma década, plante árvores. Se sua visão é para toda a vida, plante pessoas." – Provérbio chinês
- "Uma visão de futuro é construída sobre a vida de pessoas que já construíram um caráter sólido." – Josué Campanhã.

O processo que experimentei fez que eu olhasse para a vida de Abraão. Ele foi o patriarca sobre quem a nação de Israel foi iniciada. Sua vida é narrada no livro de Gênesis e sua trajetória mostra esse princípio que acabei de descrever.[1] Primeiro ele precisou ajustar seu caráter para depois concretizar a visão.

Veja a seguir, alguns princípios da vida de Abraão que podem ser aplicados à sua vida, caso você queira ser um líder com uma visão de futuro.

A liderança significativa começa quando você consegue ter a visão de futuro

O primeiro episódio importante da liderança de Abraão foi a clareza que ele teve de que deveria sair da sua terra, do meio dos seus parentes para um lugar novo, onde a visão seria concretizada.

O primeiro passo para quem deseja ter uma visão de futuro é admitir que algo novo vai acontecer por intermédio de você. O líder com a visão de futuro é aquele que consegue enxergar além do ponto em que está vivendo. Mesmo sem saber o que verá pela frente, ele está aberto a ver qualquer coisa que pode acontecer.

---

[1] Gênesis 11 a 26 – Bíblia Sagrada – versão NVI.

O que consigo vislumbrar do futuro que não existe hoje?

1._____
2._____
3._____

ABRAÃO TEVE DE DEIXAR QUASE TUDO O QUE TINHA PARA TRÁS

Abraão saiu do lugar onde estava, levou consigo sua família, alguns bens, mas deixou para trás o lugar, a parentela, os pais. Alguns passam a vida inteira apegados às coisas que têm ou que desejam conquistar, e não conseguem cumprir a visão de futuro para a sua vida ou para a sua liderança.

De que preciso me desprender para ter a visão de futuro?

1._____
2._____
3._____

A VISÃO REQUER QUE SE VEJA O IMPOSSÍVEL

Quando Abraão teve a visão de que por intermédio dele e de sua família uma nação teria início, ele e sua esposa Sara já tinham certa idade e dificilmente poderiam ter filhos. Abraão teve novamente que ver o impossível. Se ele não acreditasse, poderia falhar nesse momento e colocar tudo a perder.

O que parece impossível de acontecer hoje, mas que é base para uma visão de futuro?

1._____
2._____
3._____

PODEMOS CRIAR OBSTÁCULOS PARA A VISÃO DE FUTURO

Quando Sara, a esposa de Abraão, ouviu a respeito da visão de construir uma nação a partir da família deles, riu e não acreditou em seu marido. Ela então sugeriu que Abraão tivesse um filho com sua empregada, Hagar. Isso acabou acontecendo com o nascimento de Ismael, e mais tarde demonstrou ter sido uma decisão errada, pois Abraão e Sara tiveram um filho, Isaque, mesmo na velhice. O filho de uma esposa legítima e o filho de uma empregada causaram conflito entre as mulheres e entre as crianças. Isso gerou tensão por muito tempo, até que a empregada e seu filho foram expulsos de casa.

Você sempre está sujeito a cometer erros que impedem uma liderança significativa. A idade e a experiência não impedem que erros ocorram na liderança.

✐ Que erros meus criam obstáculos à visão de futuro?

1._____
2._____
3._____

A VISÃO NA VIDA DE UM LÍDER REQUER CARÁTER

O caráter de Abraão é lapidado quando falta água no lugar onde estava morando e ele teve de negociar a utilização de alguns poços de água com o rei Abimeleque. Por já ter mentido em outras situações, logo no início da negociação o rei pediu que ele não mentisse como havia feito anteriormente. Depois desse episódio não há mais narrativa de que Abraão tenha mentido outra vez.

✐ Em que áreas o meu caráter precisa ser lapidado?

1._____
2._____
3._____

- Se você rejeita viver uma liderança significativa, vai continuar sem saber para onde vai, e talvez não concretize nenhuma visão de futuro.
- Saia do estágio de liderança em que você está, e suba alguns degraus. Construa um caráter tão sólido quanto a visão de futuro que você deseja realizar. O seu caráter é o alicerce para a sua visão de futuro como líder.

9

Como aplicar este material para outros líderes

Este é um material essencialmente prático. Você pode ter apenas feito a leitura, ou ter participado de um seminário, e agora sente que precisa fazer algo mais. Se você sentiu que este material pode ajudar outras pessoas no desenvolvimento da sua liderança, chegou a hora de dividir isso com outros. Tenho certeza que você conhece muitas pessoas que seriam grandemente ajudadas se também tivessem a chance de conhecer estes princípios e aplicá-los em sua liderança.

Você pode ajudar outros líderes em seu desenvolvimento. Se você deseja começar a multiplicar a sua liderança, a seguir vão algumas dicas sobre como pode aplicar este conteúdo para outras pessoas em sua organização ou fora dela. Veja como pode fazer isso:

1. Realizando uma série de "Encontros de Crescimento" (ou outro nome que você queira dar). Você pode fazer isso por um período de nove semanas com um grupo pequeno de até 15 pessoas que queiram aprender mais sobre liderança. Convide essas pessoas para se reunirem semanalmente dentro ou fora do ambiente da sua organização. Oriente cada pessoa a adquirir um exemplar deste material para que possam fazer tarefas práticas e dinâmicas. Não se preocupe em ser o professor ou preletor. Seja apenas o facilitador, coordenando o grupo nas discussões e compartilhando suas experiências.

2. Outra opção é reunir um grupo de líderes num final de semana, num acampamento ou hotel. Discuta com eles os principais tópicos de cada

capítulo deste material, e dê tempo para que eles façam algumas atividades práticas lá mesmo. Depois desse fim de semana, cada líder irá trabalhar em um planejamento para a organização que dirige. Monte duplas ou grupos de líderes para serem parceiros e poderem se apoiar mutuamente e cobrar um ao outro o compromisso assumido. Depois de 2 ou 3 meses, faça um novo encontro para que cada líder possa compartilhar sua experiência.

3. Se você já participa de algum tipo de grupo pequeno de líderes, utilize este material como roteiro de discussões por 8 a 10 semanas. Adapte o conteúdo à sua realidade ou às necessidades da sua organização.

4. Utilize este material de outras formas criativas. O maior objetivo é ajudar líderes em seu desenvolvimento. Cada líder ajudado contribuirá para que o objetivo deste material seja atingido.

Num caso ou noutro providencie o material para cada participante. O custo do material pode ser inserido na taxa de inscrição.

Além disso, providencie projetor multimídia, computador e tela para pequenas projeções e um quadro de giz ou quadro branco.

Cada participante deve receber uma caneta e papel extra para anotações. Verifique o material para as dinâmicas de grupo em quantidade suficiente para todos. Não esqueça também de verificar vídeos que serão utilizados, equipamentos e microfones, se for o caso.

No caso de fazer um seminário de final de semana, considere alguns aspectos do local: ventilação adequada ou ar-condicionado, e principalmente as cadeiras que serão usadas. Para que o pessoal agüente bem um longo tempo sentado, é preciso que as cadeiras ou bancos sejam preferencialmente estofados ou bem confortáveis. Caso contrário, o pessoal agüentará, mas não irá aproveitar bem. É importante também preparar um cafezinho com biscoitos e água ou suco em alguns intervalos. Isto revigora o pessoal e é barato. Os intervalos podem ser programados a cada uma hora e meia. Isso também serve para o pessoal compartilhar entre si o que está assimilando.

Cada capítulo pode ser trabalhado num período entre 30 e 50 minutos incluindo as dinâmicas. Caso você utilize o material num grupo semanal, poderá ter um encontro de até 90 minutos ampliando a discussão ou dando um tempo maior para a realização das tarefas ou dinâmicas.

Veja na página seguinte dois modelos de utilização deste material. Um para nove encontros semanais, e outro para um seminário de final de semana. Observe o que deve ser discutido a cada semana, que tarefa deve ser dada, e o que deve ser solicitado.

Encontro	Capítulo	Aplicação ou discussão	Recursos audiovisuais	Tarefa
1	*Apresentação* *1. A vida e a liderança*	✓ Iniciar o material com alguma dinâmica descontraída de apresentação do pessoal. ✓ Começar utilizando as perguntas iniciais e dando um tempo para respostas. ✓ Expor o método de tempo de meditação em no máximo 20 minutos e depois dar 20 minutos para o pessoal praticar.	✓ *Power points* ✓ Roteiro para meditação da página. ✓ Dinâmica do copinho.	✓ Praticar esse tipo de momento de meditação por uma semana em casa.
2	*2. A pessoa do líder*	✓ Interagir com os participantes utilizando as perguntas da primeira parte do capítulo. Dar um tempo para responderem cada uma e em seguida comentar os princípios daquele tópico. ✓ Encerrar com um tempo de auto-análise.	✓ *Power points* ✓ Roteiro de perguntas para auto-análise na primeira parte do capítulo.	✓ Refletir sobre o quadro: *Decisões e idéias para minha vida.*

3	*3. Descubra a criatividade*	✓ Iniciar com a pergunta sobre três formas diferentes de realizar sua próxima atividade. ✓ Dinâmica das dificuldades.	✓ *Power points*	✓ Coletar pelo menos cinco idéias que possam ser utilizadas na próxima atividade ou evento.
4	*4. Planejamento – não viva sem ele*	✓ Iniciar com a dinâmica do carro. ✓ Apresentar as definições básicas do capítulo. ✓ Criar grupos para discussão dos primeiros passos de planejamento, utilizando os formulários. Pode-se considerar para análise uma das organizações das pessoas do grupo.	✓ *Power points* ✓ Dinâmica do carro.	✓ Reunir a liderança da sua organização para fazer o levantamento de necessidades, o *check-up* e a definição de objetivos, estratégias e metas.

			Power points	
5	*5. Projetos & eventos – faça bem feito*	✓ Dinâmica da comunicação ✓ Desenvolva o capítulo pedindo que cada um tenha em mente um projeto ou evento que deseja realizar. Conforme expõe os princípios, peça que planejem esse projeto ou evento com base nisto.	✓ *Power points* ✓ Dinâmica da comunicação. ✓ Trabalho prático de planejar um projeto ou evento.	✓ Planejar um projeto ou evento completo com base nos princípios aprendidos.
6	*6. Motivação*	✓ Dinâmica da montagem do castelo. ✓ Expor as fases da motivação e desmotivação, pedindo que cada um responda as perguntas pensando na sua realidade, e aplicando a dinâmica do castelo. ✓ Encerrar com o estudo de caso.	✓ *Power points* ✓ Dinâmica da montagem do castelo. ✓ Estudo do caso.	✓ Fazer uma avaliação de como está a desmotivação das pessoas na organização que a pessoa lidera.

7	*7. Envolvendo sua equipe*	✓ Iniciar enfatizando o quadro com as diferenças entre uma reunião com o uso de dinâmicas e outra sem dinâmicas. ✓ Fazer uma pequena discussão em grupos para avaliar o que os participantes aprenderam até aqui. Esse é um capítulo que não precisa ser ministrado, mas mostrado na prática.	✓ *Power points* com o quadro de comparação. ✓ Discussão em grupo sobre o aprendizado.	✓ Desafiar cada participante a criar alguma dinâmica para utilizar na próxima reunião que realizar.
8	*8. Líder de visão*	✓ Encerrar com uma palestra interativa e desafiadora. Pedir para os participantes responderem às perguntas com base em sua vida pessoal.	✓ *Power points* ✓ Questionário do capítulo.	✓ Fazer uma análise da vida pessoal como líder e da sua visão de futuro.
9	*Conclusão e avaliação*	✓ Concluir projetando o filme "Sociedade dos Poetas Mortos", e mostrar que somos líderes para mexer e desafiar a vida das pessoas.	✓ Filme: "Sociedade dos Poetas Mortos"	✓ Preencher a avaliação do material.

| Seminário | Vida de líder | Roteiro |

Encontro de final de semana

Abertura – Dinâmica de apresentação – 20'

1 Liderança (40') .... **SEX**

Dinâmica do copinho (10')

Intervalo de 10' para cafezinho

2 A pessoa do líder (40') .... **SAB**

Roteiro de perguntas para análise (20')

Intervalo de 10' para cafezinho

3 Descubra a criatividade (40') .... **SAB**

Dinâmica das dificuldades – (10')

ALMOÇO (75')

4 Planejamento – não viva sem ele (45') .... **SAB**

Dinâmica do carro – (15')

Grupos de elaboração de planos – Esse capítulo é colocado após o almoço para evitar o sono e tornar o material dinâmico.

5 Projetos & eventos – faça bem feito (20') .... **SAB**

Dinâmica da comunicação – (10')

Intervalo de 15' para cafezinho

6 Motivação (25') .... **SAB**

Dinâmica da montagem do castelo (15')

Estudo de caso (20')

7 Envolvendo sua equipe (25') .... **SAB**

Compartilhar o que foi aprendido

8 Líder de visão (40') .... **SAB**

Encerramento e questionário de avaliação

Material previsto para sexta-feira, das 19h30 às 21h e sábado, das 8h30 às 18h

Dinâmicas

Dinâmicas que você pode utilizar na aplicação do material

DINÂMICA DO COPINHO

É necessário um copinho de café pequeno para cada pessoa. Peça para cada um colocar o copinho sobre um livro ou a mesa virado para baixo e pergunte: *Se o copinho representasse a nossa vida, você acha que esta seria a melhor posição de aprendizado na liderança?*

Depois, peça que cada um coloque o copinho sobre o livro ou mesa virado para cima, na posição normal e repita a pergunta. Em seguida, peça que cada um segure o copinho em sua mão, inclinado em uma posição lateral, e repita a pergunta.

Ao fazer a pergunta, peça para as pessoas levantarem a mão de acordo com a opinião que têm. Conforme você vai explicando e fazendo as perguntas, é aconselhável que esteja com um copinho na mão, mostrando as posições.

Depois faça a aplicação.

O copinho virado para cima ou para baixo, sobre o livro ou a mesa, não representa nossa melhor posição de aprendizado na liderança. Virado para baixo, o copinho não pode receber nada, nem armazenar. Virado para cima, pode armazenar aquilo que nele for colocado, mas não dividirá isso com ninguém. Se ele transbordar, foi apenas porque a pessoa que estava colocando algo nele se descuidou.

No entanto, levemente inclinado o copinho pode receber e repartir o que recebeu. É mais ou menos como a posição da antena parabólica, que recebe as ondas do satélite e imediatamente as retransmite para a TV ou rádio da sua casa.

Assim é o nosso processo de aprendizado na liderança. Quando estamos virados para cima ou para baixo, podemos receber e guardar para nós, ou deixar de receber. Todavia, o copinho nessas duas posições é auto-suficiente. Entretanto, quando o copinho está em nossas mãos, inclinado, ele é dependente. Se o largarmos, ele cai no chão e pode estragar. Do mesmo modo é o nosso processo de aprendizado na liderança. Se não mantivermos nossa vida aberta para aprender com um mentor, dando liberdade para que essa pessoa possa ter nossa vida em suas mãos, podemos nos tornar auto-suficientes e podemos perder o controle da nossa vida.

É importante fazer essa dinâmica apenas perto da hora do intervalo ou cafezinho, ou então recolher os copinhos após a dinâmica. Depois da dinâmica as pessoas ficam fazendo barulho com o copinho e atrapalham a atenção dos demais.

DINÂMICA DAS DIFICULDADES

Dividir os participantes em grupos de quatro ou cinco pessoas, e entregar-lhes uma folha de papel em branco e uma caneta. O objetivo da dinâmica é relacionar todas as palavras ou expressões que podem prejudicar a criatividade.

Pode-se dar cinco ou dez minutos para que o grupo relacione expressões como:

"Vai ser difícil"

"Nunca tentamos isto antes"

"Aqui isto não funciona"

Depois que os grupos cumprirem a tarefa, peça para irem falando em voz alta todas as expressões listadas, menos as que já foram mencionadas.

A aplicação final é que cada participante deve eliminar essas expressões do seu vocabulário como primeiro passo para se tornarem criativos e colocarem idéias novas em prática.

Pode-se também discutir cada frase ou expressão e os bloqueios que elas causam no processo de criatividade de uma organização.

Dinâmica do carro

Pedir para cada participante desenhar numa folha de papel em branco, um carro que represente sua organização. Você pode fazer a pergunta: *Se a sua organização fosse um carro, que tipo de carro seria?*

Peça para eles desenharem um carro que represente a organização atualmente, e não como eles gostariam que ela fosse.

Depois no verso da folha, peça para que desenhem outro carro, que represente a organização que eles sonham no futuro. Nessa segunda vez deve ser como eles gostariam que a organização fosse.

Depois peça para que eles mostrem os desenhos uns para os outros e façam comparações. A aplicação é que normalmente existe uma grande diferença entre a organização que lideramos e aquela com a qual sonhamos.

No entanto, não basta ficarmos sonhando com o futuro, se não arregaçarmos as mangas e começarmos a trabalhar pelo futuro. A melhor forma de começar a trabalhar pelo futuro é planejando. Os planos são os sonhos sistematizados.

Dinâmica da comunicação

Peça que cada participante esteja pronto para responder a três perguntas bem rapidamente, com os três primeiros números que vierem às suas mentes. As respostas devem ser anotadas num pedaço qualquer de papel, apenas para não esquecerem os números.

Faça as três perguntas bem rápido, uma após a outra, repetindo apenas uma vez cada uma. As perguntas são:

"Qual a idade de um homem velho?"

"Quantos habitantes tem uma cidade pequena?"

"Quantos andares tem um edifício alto?"

Depois que todos responderem, faça três colunas no quadro e relacione diversas respostas. Dê preferência para os números opostos. Ao final, pergunte qual foi a menor resposta e a maior.

Em seguida, mostre a disparidade que normalmente ocorre. Alguém pode ter dito que a idade de um homem velho é 48 anos e outra pessoa respondeu

120 para a mesma pergunta. O mesmo ocorre para o edifício e o número de habitantes de uma cidade.

Mostre através disso que a uma simples pergunta as respostas podem variar 100% ou 1000% em alguns casos. Isso acontece porque as perguntas são bem gerais, e cada um oferece uma resposta de acordo com a sua realidade. Uma pessoa que diz que um homem velho pode ter 120 anos, viu alguém com essa idade pessoalmente ou pela TV, ou mesmo tem um avô bem velhinho.

A mesma coisa ocorre quando você vai organizar um projeto ou evento. A forma como as pessoas recebem o evento e especialmente seu conteúdo podem ter a mesma variação.

Isso mostra que a principal coisa num projeto ou evento é saber comunicar. Se o objetivo e o conteúdo de um projeto ou evento não estiverem bem definidos, os seus participantes poderão entendê-lo numa variação de 100% a 1000%. Quando isso acontece, o objetivo do projeto ou evento pode não ter sido atingido.

DINÂMICA DA MONTAGEM DO CASTELO

Leve uma porção de sucatas como papelão, garrafas plásticas, canudos, caixas, e coisas similares. Divida o pessoal em grupos e distribua o material igualmente.

Depois marque um tempo e peça que cada grupo monte um castelo com o material recebido. O grupo vencedor será aquele que conseguir montar o castelo mais alto, e que não cair. Se o castelo cair o grupo será desclassificado.

Deixe que cada grupo defina seu líder e sua estratégia. Você pode reservar uns cinco minutos para essa tarefa. Ao final, tome a medida de altura de cada castelo e declare o vencedor. Você pode dar uma caixa de bombom para o grupo.

Você pode discutir com os participantes como foi o tipo de liderança que o grupo teve, e que tipo de motivação foi criada internamente. Alguém ficou desmotivado e não participou? Como se sentiram os grupos que perderam? Houve alguma injustiça durante o processo?

Depois, introduza o capítulo utilizando os exemplos práticos da dinâmica.

AVALIAÇÃO

I. IDENTIFICAÇÃO

1. IDADE

☐ 16 a 20   ☐ 21 a 25   ☐ 26 a 30   ☐ 31 a 40   ☐ 41 a 50   ☐ 51 a 60   ☐ mais de 60

2. SEXO

☐ MASCULINO   ☐ FEMININO

3. ESTADO CIVIL

☐ SOLTEIRO   ☐ CASADO   ☐ VIÚVO   ☐ DIVORCIADO / SEPARADO

4. ESCOLARIDADE

☐ Fundamental   ☐ Médio   ☐ Superior   ☐ Pós/Mestrado

5. TEMPO QUE ATUA NA LIDERANÇA: (EM ANOS)

Menos de 1	1 a 2	3 a 5	6 a 10	11 a 20	mais de 20

II. AVALIAÇÃO

1. Qual o seu aproveitamento? Por quê? (Marque com "x")

⇨Você pode marcar mais de uma opção	
BOM	
O facilitador é bom	
O conteúdo dos estudos é bom	
O método é bom	
Eu estava interessado nos assuntos	
FRACO	
O facilitador é fraco	
O conteúdo dos estudos é fraco	
O método é deficiente	
Não tive motivação para participar	

2. Avalie os vários aspectos: (Marque cada opção com um "x")

Aspectos	Péssimo	Fraco	Médio	Bom	Ótimo
Organização geral					
Assuntos discutidos					
Duração do seminário					
Leituras					
Dinâmicas e aplicações					
Participação do grupo					
Divisão do tempo					
Local					
Facilitador					

3. Anote no verso três pontos positivos e três sugestões para melhoria

Bibliografia

ANDERS, Max. *21 Leis de vida.* Venda Nova-MG: Editora Betânia, 1999.

BARBER, Cyril J. *Neemias e a dinâmica da liderança eficaz.* São Paulo: Editora Vida, 2000.

BARNA, George. *O poder da visão.* São Paulo: Abba Press, 2001.

_____(editor). *Líderes em ação.* Campinas: Editora United Press, 2001.

BENNIS, Warren. *A formação do líder.* São Paulo: Atlas, 1996.

_____. *A invenção de uma vida.* Rio de Janeiro: Campus, 1999.

_____. *On becoming a leader.* Reading, Mass.: Addison-Wesley Publishing, 1999.

BENNIS, Warren, SPREITEZER, Gretchen M., CUMMINGS, Thomas G., (organizadores). *O futuro da liderança.* São Paulo: Futura, 2001.

BERGAMINI, Cecília Whitaker. *Liderança – administração do sentido.* São Paulo: Atlas, 2000.

BÍBLIA SAGRADA. versão NVI – *Nova Versão Internacional.* São Paulo: Sociedade Bíblica Internacional, 2007.

BOOG, Gustavo G. *O desafio da competência.* São Paulo: Editora Best Seller, 1995.

CLINTON, J. Robert. *Etapas na vida de um líder.* Curitiba: Descoberta, 2000.

COSTA, Aloysio Teixeira. *Administração de entidades sem fins lucrativos.* São Paulo: Nobel, 1992.

BIBLIOGRAFIA • 111

COVEY, Stephen R. *Os 7 hábitos das pessoas muito eficazes.* São Paulo: Editora Best Seller, 1999.

_____. *Liderança baseada em princípios.* Rio de Janeiro: Editora Campus, 2002.

CROSBY, Philip. *Princípios absolutos de liderança.* São Paulo: Makron Books, 1999.

DE PREE, Max, *Liderar é uma arte.* São Paulo: Editora Best Seller, 1999.

DRUCKER, Peter F., organização; HESSELBEIN, Frances, Goldsmith, Marshall, BECKHARD, Richard, editores. *O líder do futuro.* São Paulo: Futura, 1999.

DRUCKER, Peter F. *Administração de organizações sem fins lucrativos.* São Paulo: Pioneira, 1999.

EMPSON, Lila. *Checklist for life for leaders.* Tennessee: Nelson Books, 2004.

FISCHMANN, Adalberto A., ALMEIDA, Martinho Isnard Ribeiro. *Planejamento estratégico na prática,* São Paulo: Editora Atlas, 1999.

FRITZEN, Silvino José – *Exercícios práticos de dinâmica de grupo, 1o. volume,* 34a. edição, Petrópolis, RJ, Editora Vozes, 2004.

FRITZEN, Silvino José – *Exercícios práticos de dinâmica de grupo, 2o. volume,* 23a. edição, Petrópolis, RJ, Editora Vozes, 2004.

HAGGAI, John. *Liderazgo que perdura.* El Paso: Editorial Mundo Hispano, 1998.

HESSELBEIN, Frances, Goldsmith, Marshall, BECKHARD, Richard, editores. *O líder do futuro.* São Paulo: Futura, 1999.

HYBELS, Bill, BLANCHARD, Ken, HODGES, Phil. *Liderando com a Bíblia.* Rio de Janeiro: Editora Campus, 2001.

HYBELS, Bill. *Liderança corajosa.* São Paulo: Editora Vida, 2002.

JONES, Laurie Beth. *Jesus CEO.* Rio de Janeiro: Ediouro, 1996.

KATZENCACH, Jon R. (organizador). *Os verdadeiros líderes da mudança.* Rio de Janeiro: Campus, 1996.

KING, T. W. & CLAUDE, N. *The mind of Christ.* Nashville: Life Way Resources, 2002.

KOTLER, John P. *Liderando mudança.* Rio de Janeiro: Campus, 1997.

KURTZMAN, Joel. *Líderes de idéias.* São Paulo: Futura, 1998.

LAPIERRE, Laurent. *Imaginário e liderança.* São Paulo: Atlas, 1999.

MAXWEL, John C. e DORNAN, Jim. *Como se tornar uma pessoa de influência.* Rio de Janeiro: CPAD, 2001.

MCCARTHY, Kevin W. *A pessoa com propósito.* Campinas, SP: Editora United Press, 2000.

MCDOWELL, Josh. *Josh McDowell responde.* São Paulo: Editora Candeia, 2001.

OECH, Roger Von. *Um chute na rotina.* São Paulo: Cultura Editores Associados, 1994.

QUIGLEY, Joseph V. *Visão, como os líderes a desenvolvem, compartilham e mantêm.* São Paulo: Makron Books, 1999.

SCHOLTES, Peter R. *O manual do líder.* Rio de Janeiro: Qualitymark, 1999.

TRACY, Diane. *10 passos para o empowerment.* Rio de Janeiro: Campus, 1994.

WHEATLEY, Margaret J. *Liderança e a nova ciência.* São Paulo: Cultrix, 1999.

WILKES, Gene C. *O último degrau da liderança.* São Paulo: Editora Mundo Cristão, 2002.

WONG, David W. F. *Para além dos limites.* Santa Bárbara d'Oeste – SP: Socep, 2002.